Angela Mackert

# GRUNDKURS NUMEROLOGIE

Bibliografische Information der Deutschen Nationalbibliothek: Die Deutsche Nationalbibliothek verzeichnet diese Publikation in der Deutschen Nationalbibliografie; detaillierte bibliografische Daten sind im Internet über http://dnb.d-nb.de abrufbar.

**Impressum**

Titel: Grundkurs Numerologie

Copyright © 2016 by Angela Mackert
1. Auflage 2016
Alle Rechte vorbehalten. Nachdruck – auch auszugsweise – nur mit Genehmigung der Autorin.
Redaktion: Angela Mackert
Lektorat: KaGr
Covergrafik: Shutterstock/Vlastas
Coverlayout und Innengrafik: Angela Mackert
Herstellung und Verlag: BoD — Books on Demand, Norderstedt
ISBN der Printausgabe: 978-3-7412-6163-3
Auch als eBook erhältlich.

**Herausgegeben von**
Angela Mackert

Sie finden mich im Internet unter: www.angela-mackert.de

Beachten Sie auch bitte:
https://business.facebook.com/autorin.angela.mackert

Angela Mackert

# GRUNDKURS NUMEROLOGIE

# Inhalt

**Vorwort** — 7
Numerologie — eine Hilfe um sich selbst zu erkennen... 9
**Einleitung** — 10
Die Philosophie der Zahlen... 11
Zum Gebrauch dieses Buchs... 13
**Die Zahlen und ihre verborgene Bedeutung** — 15
Grundschema der Zahlendeutung... 15
Die neun Grundzahlen... 21
Die Meisterzahlen... 41
Die Meisterzahlen in der Science Fiction... 48
Die Meisterzahlen als Lebensaufgabe... 53
Karmische Zahlen... 57
Was man über Zahlen noch wissen sollte... 62
Göttliches Dreieck... 63
Die Sonderstellung der Zahl 9... 63
Die 0 beziehungsweise die 10... 64
**Praxisteil 1 - Berechnung persönlicher Zahlen** — 66
Die Regeln der Zahlenberechnung... 66
Die Berechnung der persönlichen Zahlen... 67
Das Alphabet in Zahlen... 70
Die Lebenszahl... 71
Die Motivationszahl... 72
Die Herzenswunschzahl... 76
Die Ausdrucks- und Umweltzahl... 80
Die Machtzahl... 82
Die Lernaufgabenzahl... 83
**Praxisteil 2 - Deutung persönlicher Zahlen** — 88
Deutung von Vorname, Zusatzname und Familienname... 88
Übungsaufgabe 1... 93

Überblick: Die Vorgehensweise bei der Namensdeutung.......... 93
Vergleichen Sie Ihre Deutung von Übungsaufgabe 1.............. 94
Die Bedeutung der Zahlen auf ihren Plätzen........................ 97
— Lebenszahl................................................................. 97
— Motivationszahl.......................................................... 97
— Herzenswunschzahl.................................................... 98
— Ausdrucks- und Umweltzahl........................................ 99
— Machtzahl.................................................................. 100
Die Deutung der Kombinationszahlen................................ 101
Deutungsschema für Kombinationszahlen.......................... 103
Grundzahlen und Meisterzahlen in Stichworten.................. 105
Übungsnumeroskop »Johanna«.......................................... 108
Übungsaufgabe 2............................................................... 117
Die Deutung der Lernaufgabenzahl.................................... 118
Vergleichen Sie Ihre Deutung von Übungsaufgabe 2............ 121
Die Verträglichkeiten der Zahlen........................................ 131
Das numerologische Quadrat.............................................. 132
Die Linien des Quadrats..................................................... 133
Isolierte Zahlen.................................................................. 135
Übung: Numerologisches Quadrat..................................... 135

**Praxisteil 3 - Jahresthemen** 137
Berechnung und Deutung von Jahresthemen..................... 137
Grundzahlen und Meisterzahlen als Jahresthemen............. 142
Monatstrend...................................................................... 145
Tagesschwingung............................................................... 146
Die Berechnung aktueller Themen auf eine Blick................ 147

**Nachwort** 148
Übersicht: Die Zahlen von 1 bis 99 in Stichworten.............. 148

**Anhang** 163
Numerologische Formulare für persönliche Einträge........... 164
Über die Autorin................................................................ 170

„*Die Zahl ist das Wesen aller Dinge*"

— Pythagoras aus Samos, 6.Jh. v. Ch.

# Vorwort

Stellen Sie sich einmal folgendes vor: Im Universum zwischen Zeit und Raum betreten Sie eine riesengroße Bibliothek. In den Regalwänden stehen kostbar verzierte und in Leder gebundene Bücher so hoch und so weit wie das Auge reicht. Kein Buch gleicht dem anderen, sie sind alle verschieden.

Ein Schreiber kommt Ihnen bereits entgegen und winkt Sie an einen freien Tisch. Unter dem Arm trägt er ein Exemplar, das Sie sofort wiedererkennen: Es ist ihr ganz persönliches Lebensbuch. Behutsam legt der Mann es auf den Tisch. Gemeinsam schlagen Sie das Buch auf, auf der leeren Seite nach den letzten Eintragungen.

Eine kleine Zeit lang betrachten Sie gespannt diese leere Seite und wie von Zauberhand erscheint auf einmal ein Text auf dem weißen Papier. Die Schrift ist zuerst nur schwach erkennbar und Sie beugen sich tief darüber, um das Geschriebene zu entziffern. Was Sie dann lesen, erkennen Sie als ihre Aufgabe, welche Sie auf ihrer bevorstehenden Erdenreise erfüllen sollen. Der Schreiber kopiert Ihnen die Textstelle, damit Sie diese als Gedankenstütze mitnehmen können.

Jetzt sind Sie starklar. Sie überprüfen noch einmal, ob Sie alles was Sie brauchen dabei haben, aber ihr Rucksack ist bestens gepackt und der Zettel mit der Aufgabe steckt bereits in ihrer Jackentasche. Sie gehen zum Ausgang und nach kurzem Zögern treten Sie durch das hell strahlende goldene Tor, durch das Sie auf ihren Erdenweg gelangen.

Ihre Reise auf der Erde gestaltet sich abwechslungsreich, zum einen weil Sie selbst dafür sorgen und zum anderen weil die Landschaften wechseln und Sie ihr Verhalten daran anpassen müssen. So sind ihre eigenen Schritte einmal schnell, dann wieder langsamer, manchmal springen und hüpfen Sie übermütig durch die Gegend und zu anderen Zeiten schleifen Sie ihre Füße wie Bleiklumpen über den Boden.

Für Überraschungen sorgen die Straßen, die Sie für ihre Reise wählen. Diese sind nicht immer eben. Auf manchen Wegen lädt Sie der weiche Sand zum Barfusslaufen ein, und andere Strecken sind übersät mit spitzen Steinen, sodass Sie aufpassen müssen, wohin Sie treten.

Manchmal führt Ihr Weg auch unvermittelt steil bergauf und Sie können von Oben die herrlichste Aussicht genießen. Manchmal geht es vielleicht aber auch ebenso steil wieder hinunter, und dann müssen Sie einen neuen Anlauf nehmen um den Gipfel zu erklimmen.

Unvermittelt könnte auch einmal Nebel auftauchen, sodass Sie kaum erkennen können, wohin Sie ihren Fuß setzen. Auf manchen Wegstrecken ist es möglicherweise kalt oder es regnet, und dann sind Sie wieder auf einer Wegstrecke, da lacht die Sonne und Ihr Herz wird warm.

Sie treffen auch andere Erdenreisende auf ihrem Weg, die Sie begleiten. Das ist manchmal lustig, manchmal romantisch und manchmal stressig. Immer wieder kommen sie an Wegkreuzungen, an denen Sie und Ihre Begleiter Entscheidungen über die weitere Richtung treffen müssen. So kommt es, dass Sie auch zeitweise vielleicht eine Strecke alleine laufen. Es kann auch sein, dass Sie an den Wegkreuzungen erst einmal eine Weile innehalten, weil ihr Rucksack in der Zwischenzeit etwas schwer geworden ist und neu geordnet werden muss.

Auf ihrem Lebensweg haben Sie nämlich immer wieder alle möglichen Souvenirs aufgesammelt. Die Andenken an schöne Wegabschnitte wiegen leicht und heben Ihren Rucksack sogar an, so dass Sie ihn kaum spüren. Doch auch die dunklen und leidvollen Erinnerungen sind in ihrem Rucksack gelandet und wiegen schwer wie Steine, so dass jeder Schritt anstrengend ist, wenn Sie zu viele davon auf Ihrem Rücken tragen. Doch bergen gerade diese hinderlichen Souvenirs auch ein Geheimnis: Wenn Sie nämlich in die Hand genommen und mit Liebe betrachtet werden, dann verändert sich ihre Gestalt und sie werden zu einem strahlenden Licht, das vor Ihnen den weiteren Weg erhellt.

An den Wegkreuzungen können Sie ihren Rucksack überprüfen und die Dinge betrachten, die darin lagern. Sie können das schwere Gepäck verwandeln und daraus Sternenlicht zaubern sowie ihr mitgebrachtes Handwerkszeug aufpolieren und für den weiteren Gebrauch neu ordnen oder verbessern.

Vielleicht kommt Ihnen an so einer Wegkreuzung auch der Zettel mit der Aufgabe wieder in die Hände und dann erinnern Sie sich und wissen auf einmal wieder genau, welche Abzweigung die Richtige ist.

All Ihre gesammelten Erfahrungen auf dem Lebensweg und das was Sie daraus machen wird von unsichtbarer Hand in Ihr Buch des Lebens geschrieben. Jede Weiterentwicklung wird festgehalten und Ihr Weg führt Sie so langsam aber sicher ins Licht des Erkennens.


**Numerologie - eine Hilfe, um sich selbst zu erkennen**

Die Numerologie ist eine wunderbare Hilfe, um die eigene Persönlichkeitsstruktur klarer zu erkennen. Individuelle Zahlenkombinationen werden zueinander in Beziehung gesetzt und erlauben so differenzierte Aussagen über die eigenen Bedürfnisse, über Stärken, Schwächen und Lernaufgaben sowie über den Lebensweg und das Zusammenspiel mit der Umwelt.

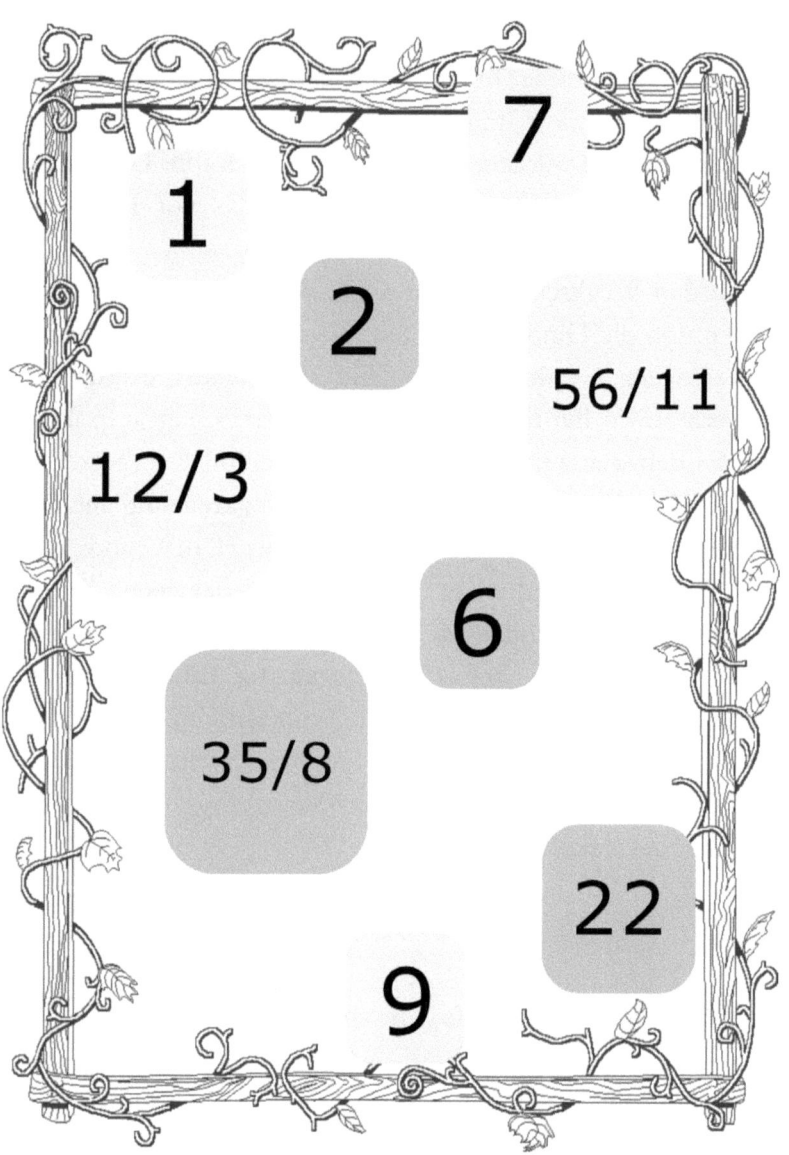

# Einleitung

Die Zahlenlehre ist eine der ältesten okkulten Wissenschaften, die wir kennen. Schrifttafeln und Schriftstücke der Babylonier, Iraeliten, Japaner sowie der Chinesen beweisen, dass die Numerologie bereits 4000 Jahre vor Christus angewandt wurde.

Lange Zeit galt die okkulte Zahlenlehre als Geheimwissenschaft, zu der nur Eingeweihte Zugang hatten. Für die Berechnungen bildeten sich zwei Zahlen-Schulen heraus, deren Systeme überliefert sind: Das sind zum einen die Schule des Pythagoras und zum anderen die kabbalistische Zahlentradition. Die Numerologie, so wie sie heute in der westlichen Welt angewandt wird, ist eine Weiterentwicklung aus beiden. Für die Übertragung des Alphabets in numerische Werte für die Berechnung eines Namens wird jedoch im Allgemeinen das System des Phytagoras verwendet.


## Die Philosophie der Zahlen

Die Zahlenlehre vertritt die Idee, dass alle Dinge im Universum nach einer bestimmten Ordnung miteinander verbunden sind. Jede Zahl von 1 bis 9 besitzt in diesem Sinne einen speziellen inneren Wert. Wird der Name eines Menschen in Zahlen umgerechnet, so zeigt das Ergebnis die individuellen Schwingungen, also die Persönlichkeit und Struktur dieses Menschen.

Die Zahlen 1 bis 9 gelten als Grundzahlen. Jede größere Zahl lässt sich auf eine dieser neun Zahlen reduzieren. Die 10 wird wieder zur 1, denn 1 + 0 = 1. Warum aber 1 bis 9 und nicht 1 bis 10, wenn wir doch 10 Finger an den Händen haben und das Zählen einst mit dem Abzählen der Finger begann?

Es hat damit zu tun, dass die 0 eine unbekannte Größe repräsentiert, in der alles passieren kann oder nichts. Sie ist ein göttliches Prinzip und nicht von dieser Welt. Bereits ihre Form, die man als Kreis oder Ei betrachten kann, sagt aus, dass in ihr Anfang und Ende enthalten sind, also alle Mysterien von Geburt, Tod und Wiedergeburt im vorgegebenen ewigen Kreislauf. Die Zahlen von 1 bis 9 folgen dagegen einer bestimmten Ordnung. Sie sind ein Abbild des sichtbaren Lebens, das vom Anfang an bis zum Ende durch Beobachtungen in der Natur nachvollziehbar ist.

Harmonie entsteht durch das Gleichgewicht entgegengesetzter Kräfte:
- Gerade und ungerade.
- Eins und viele.
- Rechts und links.
- Männlich und weiblich.
- Gut und böse.
- Tag und Nacht.

Das gilt auch für die Zahlen. Sie werden in ihrem inneren Wert unterschieden in männliche Zahlen und weibliche Zahlen. Die ungeraden, männlichen Zahlen haben einen zeugenden Mittelteil. Die weiblichen, geraden Zahlen haben eine rezeptive Öffnung, einen freien, empfangenden Raum.

Die Kabbala, eine jüdische Textsammlung von Geheimlehren, wird auch als »Buch der verborgenen Weisheit« bezeichnet. Ein kabbalistischer Kernsatz lautet: »Gott kennen heißt Gott sein«. Das kann so aufgefasst werden, dass der Mensch das verkleinerte Abbild Gottes ist. Nicht Sünde trennt ihn, sondern seine Unwissenheit. »Wissen ist Macht« – dieses Sprichwort haben Sie sicher schon einmal gehört.

Die allgemein zugängliche und gedruckte Kabbala enthält nicht alles Wissen, vieles wurde nur mündlich weitergegeben. Originaltexte stammen von verschiedenen anonymen Verfassern und sind in unterschiedlichen Sprachen geschrieben worden: hebräisch und aramäisch. Der Hauptteil soll nach dem Jahr 1275 in Spanien entstanden sein.

In der kabbalistischen Zahlentraditon wird die 9 keinem Buchstaben des Alphabeths zugeordnet (siehe die Umwandlungstabelle S. 70 ). Dies hat zwei Gründe:

- Die Zahl 9 drückt im kabbalistischen System den »unaussprechlichen neunbuchstabigen Namen Gottes« aus.
- Durch Hinzufügen der Zahl 9 wird die auf die Grundzahl reduzierte Quersumme nicht verändert. Beispiel: **8+9 =17**. 1+7= **8**

Im Zahlensystem der Schule des Phytagoras werden die Buchstaben des Alphabeths allen Zahlen von 1 bis 9 zugeordnet. Dieses System ist nach meiner Erfahrung für die Deutungsmethode in diesem Buch, welche nicht nur die Grundzahlen berücksichtigt, wesentlich geeigneter.

### Zum Gebrauch dieses Buchs

Mit diesem Buch lernen Sie die Berechnung und Deutung Ihrer persönlichen Zahlen, die sich jeweils zusammensetzen aus einer Grundzahl und deren beiden Einflusszahlen. Diese Deutungsmethode erlaubt sehr differenzierte Aussagen, denn es ist ein Unterschied, ob zum Beispiel die Grundzahl 1 aus der Zahl 19 (1+9 = 10 = 1+0 = 1)) reduziert wurde oder aus der 55 (5+5 = 10 = 1+0 = 1). Zwar haben beide die Haupteigenschaft der Grundzahl 1, aber individuell gefärbt werden diese Eigenschaften durch die Einflüsse der zweistelligen Zahl, aus der sie errechnet wurden.

Dieser Grundkurs Numerologie ist nach einer logischen Lernfolge aufgebaut. Zuerst werden die Grundzahlen, auf denen alles aufbaut, sowie die Meisterzahlen und weitere bedeutungsvolle Zahlen ausführlich besprochen (ab S. 15). Danach befassen wir uns ab Seite 66 mit der Berechnung aller für die Deutung relevanter Zahlen. Die Deutungspraxis erlernen Sie ab Seite 88, wobei Sie Gelegenheit erhalten, ihre eigenen Übungen mit meiner Deutung zu vergleichen. Daran im Anschluss, ab Seite 132, beschäftigen wir uns noch mit dem numerologischen Quadrat, was weitere Aussagen ermöglicht, und ab Seite 137 befassen wir uns dann mit den Jahresthemen. Ab Seite 148 gibt es zum Schluss dann eine Stichwortliste aller Zahlen bis 99/9 zum Nachschlagen.

Im Anhang ab Seite 163 finden Sie Berechnungsformulare, in die Sie die Zahlen für sich selbst und ihre Familienmitglieder eintragen können. So wird dieses Buch auch zu einem ganz persönlichen Numerologie-Lehrbuch für Sie.

# Die Zahlen und ihre verborgene Bedeutung

Alle Zahlen haben ihren Ursprung in den ersten vier, die auch für die Konstruktion mathematischer oder geometrischer Figuren genutzt werden. Wenn man diese vier Zahlen addiert, dann ergibt das 1+2+3+4=10, das als Diagramm dargestellt ein Tetraktys ergibt, dem in der Zahlenmagie hohe magische Kräfte zugeschrieben werden. Es spiegelt den ewiggültigen Kreislauf aller Dinge von der Entstehung bis zur Vollendung, dem Untergang und der Neuerschaffung. Alles im Universum sowie in der Natur ist nach diesem Prinzip geordnet, und auch der Mensch ist nach alter Lehre in diese Ordnung eingebunden.

**Grundschema der Zahlendeutung**

Die Zahlen von 1 bis 9 folgen einem klaren Entwicklungsrhytmus und bauen aufeinander auf. In ihrer Abfolge spiegeln sie den Kreislauf des Lebens mit seinen Notwendigkeiten und seinen Möglichkeiten zum Wachstum.

Schauen wir uns das einmal an:

Die Zahl 1 wird durch einen Punkt dargestellt. Ein Punkt hat keine Ausdehnung in eine bestimmte Richtung, er ist Ausgangspunkt und Mittelpunkt für sich selbst, geboren aus dem Nichts. In der Zahlenmagie symbolisiert die 1 daher das *ein*malige ICH, das aus der Anonymität auftaucht und zum Schöpfer seines Lebens werden soll. Dies kann das ICH jedoch nur dann, wenn es wie ein Punkt in seiner Mitte ruht und aktiv für sich selbst Weg und Ziel bestimmt.

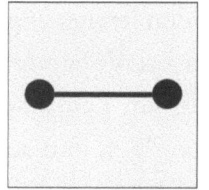
Die Zahl 2 wird durch zwei Punkte dargestellt, die mit einer Linie verbunden sind. Wir haben hier eine Länge, aber noch keine Breite. In der Zahlenmagie bedeutet das, dass zwei einzigartige Wesen, zwei ICHs, jetzt aufeinander zugehen können, und deshalb ist die Zahl 2 die Zahl der Verbindung. Das ICH wird ergänzt durch das DU und erhält so die Möglichkeit, neben den geistigen Fähigkeiten der 1 auch Gefühle zu entwickeln. Da hier aber zwei Individuen aufeinandertreffen, ist in der Zahl 2 auch der Gegensatz zur 1 enthalten. Während die 1 auf der bewussten Ebene agiert, kommt mit der 2 das Unbewusste ins Spiel.

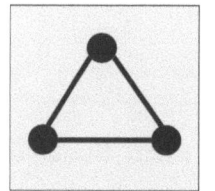
Die Zahl 3 entspricht drei Punkten, die miteinander verbunden werden. So entsteht ein Dreieck mit Länge und Breite, jedoch ist noch keine Höhe vorhanden. Allerdings ist diese Form bereits gegenständlich, dazu beweglich, denn jeder Punkt kann innerhalb der Linie eine andere Position ein-

nehmen. Aus zahlenmagisch-philosophischer Sicht kommt jetzt die Umwelt ins Spiel, die Mitwelt, und wir erkennen die Vielfalt. Alles ist fassbar. Das ICH der 1 und das DU der 2 können in der Zahl 3 vielfältige Anregung, Identität und Zugehörigkeit zu einer Gruppe erfahren. So entsteht Einheit, die sich in ihrer kleinsten Form als Vater (1), Mutter (2) und Kind (3) ausdrückt.

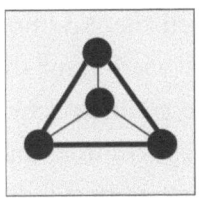

Die Zahl 4 zeigt sich als Pyramide, die räumlich erfahren werden kann, und einen sogenannten Tetraeder bildet mit Längen-, Breiten- und Höhenausdehnung. In der Zahlenmagie entspricht das dem Raum, in dem wir leben und den wir bearbeiten. Die 4 ist die Zahl der Materie und des Fundaments, auf dem wir Menschen aufbauen können. Hier ist Arbeit gefordert — so wie der Bauer das Land erst bestellen muss, bevor er ernten kann, um sich zu ernähren.

Mit der Zahl 4 kommt jedoch auch die Zeit hinzu. Diese wird erfahrbar durch Beobachtungen in der Natur, die sich im Lauf der Jahreszeiten verändert, sodass sie auf praktischer Ebene in messbare Abschnitte eingeteilt werden kann. Auf diese Weise können wir die Zeit mithilfe der Fähigkeiten der ersten drei Zahlen sehen, fühlen und zuordnen. Aber wir erleben Zeit auch als begrenzt. Andererseits gibt uns die Beobachtung der Zeitabschnitte eine Ahnung vom ewigen Kreislauf der Natur, in dem Anfang, Ende und Neuanfang enthalten ist, denn 1+2+3+4=10. Die Zahl 4 wird deshalb auch als »Quelle der ewigen Natur« bezeichnet.

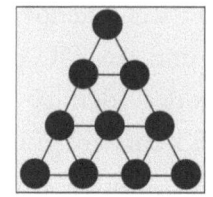 1+2+3+4 = 10 wird als Tetraktys dargestellt, eine mathematische Figur, die von Phytagoras' Jüngern entwickelt wurde. Dieser Figur werden hohe magische Kräfte zugesprochen und man bezeichnet sie auch als «göttliches Dreieck».

Diese ersten vier Zahlen sind die Grundlage allen Lebens und der Ursprung des großen Ganzen, weil die Addition von 1+2+3+4 die Zahl 10 ergibt, die sich wieder auf die Grundzahl 1 (1+0=1) reduzieren lässt. Alle geometrischen Körper lassen sich auf diese vier Zahlen zurückführen, und philosophisch gesehen, bilden sie die Voraussetzungen für die menschliche Existenz.

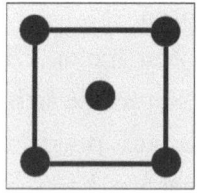 Die Zahl 5 erforscht den Raum durch Aktion nach allen Seiten. Der Punkt in der Mitte entspricht der Zahl 1, dem ICH, das sich innerhalb des Raums frei bewegen und entfalten kann. Möglichkeiten können entdeckt werden, was jedoch immer auch ein Risiko beinhaltet. Es geht um den Wandertrieb und um den Veränderungswillen, das Wagnis und das Abenteuer. Für all das brauchen wir geistige Flexibilität, denn um Entdeckungen zu machen, muss man jederzeit bereit sein, sich an neue Situationen anzupassen.

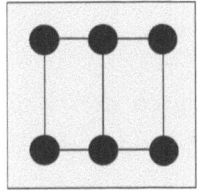
Die Zahl 6 entspricht sechs Punkten, die durch Linien miteinander verbunden sind. So entstehen zwei Räume, ein allgemeiner Raum und ein Eigenraum. Der Mensch muss seine Welt mit anderen teilen, das hat er auf seiner Wanderschaft (die Zahl 5) erfahren, und doch gibt es auch einen Platz für ihn allein, an dem er sesshaft werden und zur Ruhe kommen kann. Doch jetzt gilt es auch, Verantwortung zu übernehmen für sich selbst und seinen Körper sowie für das Ganze, von dem man ein Teil ist.

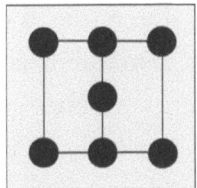
Die Zahl 7 geht über den allgemeinen Raum und den Eigenraum hinaus und betreibt Forschung in einem Grenzraum, welcher der realen Welt abgewandt ist. Dies wird symbolisiert durch den Punkt in der Mitte, der wieder für das ICH steht, das sich geistig in alle Richtungen ausdehnen will, Geheimnisse erforscht und nach Erkenntnissen strebt. Diese Erkenntnisse müssen jedoch ins Selbst integriert werden, damit der Mensch auch spirituell wachsen und innere, seelische Stärke entwickeln kann.

Das Balancieren auf dem Grenzraum zur unsichtbaren Welt ist jedoch nicht ohne Risiko. Wer nicht aufpasst, kann sich in mystischen und okkulten Vorstellungen verlieren oder mit verletzter Seele zum Einzelgänger werden. Gefragt ist hier die Intuition, die hilft, im realen Leben die Balance zu halten.

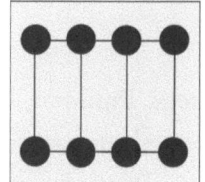
Die Zahl 8 stellt sich durch drei Räume mit 8 Eckpunkten dar. Die materielle Welt und die spirituelle Welt werden verbunden durch den Eigenraum. Man erntet was man sät, und so gilt es hier Entscheidungen zu treffen und Verbindungen einzugehen, die allen nützen. Führungsverantwortung und wirtschaftliches Denken ist gefragt — denn es geht um die sinnvolle Belebung der Materie.

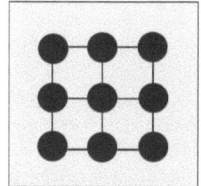
Die Zahl 9 zeigt sich durch die Vollendung des Raumes, der damit aber auch bereits vor der Auflösung steht. Hier geht es um die Erfahrung des Ganzen — Körper, Seele, Geist und Materie sind miteinander verbunden. Das Ego darf zurücktreten und es wird Mitgefühl und Verständnis entwickelt.

# Die neun Grundzahlen
... und ihre Deutung in der Numerologie

# 1 Selbstbewusstein

In der Zahl 1 zeigt sich das ICH, das sich auf die Bühne stellen und seinen freien Willen ausdrücken muss, um im Leben Erfolg zu haben. Jedes Wollen braucht jedoch ein klares Ziel, das zuvor gedanklich festgelegt werden muss. Ist ein solches Ziel vorhanden, kann Initiative ergriffen werden, um es mit Mut und Selbstvertrauen zu erreichen.

In der 1 sehen wir die dynamische Persönlichkeit, die sich durch Niederlagen nicht entmutigen lässt. Krisen und Widerstände werden als Herausforderung betrachtet und können durch Entschlossenheit und Konzentration überwunden werden. Das schafft Erfahrungswerte, denn was für die 1 letztlich allein zählt, ist das Endergebnis.

Je mehr die 1 in ihrer Mitte ruht, desto sebstbewusster kann sie agieren und so die gesamte Kreativität ihrer Persönlichkeit entfalten. Sie hat die Fähigkeit zur Selbstorganisiation und möchte allem, was sie anpackt, ihren persönlichen Stempel aufdrücken. Sie ist der Pionier, der aus dem Nichts heraus etwas erschafft.

Die 1 mag keine Grenzen und keine Beschränkungen. Sie will niemandes Diener sein und ist der geborene Anführer, der lieber vorausschaut statt zurückblickt. Sie gibt den Ton an, denn sie ist ehrgeizig und kann Interessen ohne fremde Hilfe durchsetzen. Die 1 ist auch ein Bild für den Vater.

## Deutungsstichworte

*Positiv:* Unabhängig, dynamisch originell, schöpferisch, entschlossen, ehrgeizig, selbstständig, selbstbewusst, Führungsanspruch, Pionier, Willensstärke, Durchsetzungskraft, Mut, Kreativität, Lebenskraft, Vater. Initiative.

*Negativ:* unnachgiebig, übertriebener Einsatz, Kommando-Ton, zynisch, aggressiv, egoistisch, selbstsüchtig, arrogant, Vaterproblematik.

## Lebenszahl: 1 – Leitsatz
Ich bin der Schöpfer meines Lebens. Als Willensmensch muss ich bereit sein, die Verantwortung für mein Handeln zu übernehmen. Ich soll kreativ werden, aber dabei auf die Art meiner Durchsetzung achten.

## Motivationszahl: 1 – Leitsatz
Meine Seele drängt mich dazu, selbstständig zu werden.

## Herzenswunschzahl: 1 – Leitsatz
Ich möchte eine Führungspersönlichkeit sein.

## Ausdrucks- und Umweltzahl:1 – Leitsatz
Wenn ich will, dann kann ich mich durchsetzen und Führungsaufgaben übernehmen.

## Machtzahl: 1 – Leitsatz
Ein erfülltes Leben finde ich, wenn ich etwas erschaffe.

- **männliche Zahl**
- **Astrologische Entsprechung:** Sonne

# 2 Gefühl

Die Zahl 2 zeigt sich im DU, das sein Gegenüber ergänzen will und sich Gemeinsamkeit wünscht. Um das zu erreichen, braucht sie eine gute Portion Kompromissbereitschaft, sowie diplomatische und ausgleichende Fähigkeiten, die schwierige Situationen entschärfen können.

Das Rampenlicht ist nichts für die 2, sie hält sich lieber im Hintergrund, weshalb sie manchmal auch eher scheu wirkt. Als eine Art »graue Emminenz« kann sie an diesem Platz jedoch viel bewegen. Sie ist dazu aufgerufen, anderen eine Hilfe zu sein, muss jedoch aufpassen, dass sie sich nicht ausnutzen läßt.

Für die 2 stehen Gefühle an erster Stelle, sie will und braucht Zärtlichkeit und hat guten Zugang zum Unbewussten, aus dem sie schöpfen kann. Die 2 hat ein Gespür für unterschwellige Wahrheiten und kann sich deshalb auch gut in andere einfühlen. Die Reaktionen des Gegenübers werden beobachtet, um daraus Schlüsse zu ziehen. Wenn die 2 jedoch auf Widerstand stößt, zieht sie sich lieber in sich selbst zurück als offen für ihre Belange einzutreten. Da sie keinen Streit mag, reagiert sie dann oft auf der nonverbalen Ebene.

Immer wieder ist die 2 aufgerufen, Ausgleich und Rücksichtnahme zu üben. Durch ihr natürliches Rhytmusgefühl ist sie oft musikalisch. Die 2 ist auch ein Bild für die Mutter.

## Deutungsstichworte

*Positiv:* gefühlvoll, partnerschaftlich, Einfühlungsvermögen, fröhlich, musikalisch, rücksichtsvoll, taktvoll, fürsorglich, friedlich, diplomatisch, kooperativ, kann teilen, ausgleichend, mitfühlend, natürliches Rhythmus-Gefühl, das WIR-Gefühl.

*Negativ:* Stimmungs-Schwankungen, launisch, bequem, passiv, labil, klammernd, zu schüchtern, schmollen, unschlüssig, nicht allein sein können, Mutterproblematik.

## Lebenszahl: 2 – Leitsatz
Ich bin ein kooperativer Mensch, der von anderen anerkannt werden möchte. Ich soll mich von meiner inneren Stimme führen lassen und mich anpassen, jedoch nicht um jeden Preis.

## Motivationszahl: 2 – Leitsatz
Meine Seele drängt mich dazu, Rücksichten zu nehmen und mein Leben mit anderen zu teilen.

## Herzenswunschzahl: 2 – Leitsatz
Ich möchte Gefühle ausdrücken dürfen und wünsche mir eine Partnerschaft, in der ich mich sicher fühle.

## Ausdrucks- und Umweltzahl: 2 – Leitsatz
Wenn ich will, dann kann ich mich anpassen.

## Machtzahl: 2 – Leitsatz
Ein erfülltes Leben finde ich, wenn ich anderen helfe.

- **weibliche Zahl**
- **Astrologische Entsprechung:** Mond

# 3 Ausdruck

Die Zahl 3 zieht es nach draußen ins pulsierende Leben, weil sie soziale Kontakte und Anregung braucht. In der Gruppe mit anderen fühlt sie sich wohl und sie möchte, dass es harmonisch zugeht. Deshalb ist es für sie wichtig, anderen offen, positiv und ehrlich zu begegnen.

Weil die 3 mitteilungsbedürftig ist und zu allem etwas zu sagen hat, diskutiert sie gerne. In Bereichen, die mit der Stimme zu tun haben beziehungsweise rhetorisches Geschick erfordern, kann sie besonders erfolgreich sein.

Die 3 ist auch ein Organisationstalent, folgt dabei jedoch einem ganz eigenen Einteilungssystem. Sie ist voller Elan und kann ihre Umgebung motivieren. Jedoch muss die 3 auch aufpassen, dass sie sich nicht verzettelt. Vielseitig wie sie ist, könnte es sonst passieren, dass sie alles Mögliche anfängt und nur wenig zu Ende bringt.

Die Zahl 3 ist ein guter Erzähler, aber sie hört auch gerne zu. Das regt sie zur Weiterbildung an, wobei die Interessensgebiete eher weit gespannt sind. Bei soviel Neugier und Lust aufs Ausprobieren hat die 3 manchmal das Gefühl, dass die Zeit nicht reicht.

Die 3 steht auch für Künstlerisches, wie die Schriftstellerei oder Schauspielerei. Daneben symbolisiert diese Zahl die Sammelleidenschaft.

## Deutungsstichworte

*Positiv:* Kommunikativ, sozial, freundlich, regenerationsfähig, Organisationstalent, stimmgewaltig, sprachbegabt, interessiert, freundschaftlich, Verkaufstalent, lösungsorientiert, geistig und körperlich mobil, schnelle Auffassungsgabe, einfallsreich, humorvoll, flexibel, vielseitig, spontan, kontaktfreudig, diskussionsfreudig.

*Negativ:* provokant, ungeduldig, klatschsüchtig, (falscher) Stolz, lügen, verzetteln, übermütig, Übertreibung.

## Lebenszahl: 3 – Leitsatz
Ich bin ein sozial orientierter Mensch und soll mich frei ausdrücken, jedoch darauf achten, was ich sage.

## Motivationszahl: 3 – Leitsatz
Meine Seele drängt mich dazu, mich mitzuteilen und Kontakte zu knüpfen.

## Herzenswunschzahl: 3 – Leitsatz
Ich möchte dazugehören und redegewandt werden.

## Ausdrucks- und Umweltzahl: 3 – Leitsatz
Wenn ich will, dann kann ich mich in eine Gruppe einbringen.

## Machtzahl: 3 – Leitsatz
Ein erfülltes Leben finde ich, wenn ich mich in eine soziale Gemeinschaft einbringe.

- **männliche Zahl**
- **Astrologische Entsprechung:** Merkur

# 4 Sicherheit

Die Zahl 4 ist das Fundament, auf dem der Mensch aufbauen kann. Sie ist die Erde, auf der er steht und als solche ein begrenzter Raum. Um sie zu nutzen, wird disziplinierte Arbeit gefordert, denn der Mensch braucht ein Dach über dem Kopf und täglich etwas zu essen. Sicherheit steht über allem und so muss natürlich auch für Notzeiten vorgesorgt werden.

Die 4 braucht einen überschaubaren Rahmen und sie ist vorsichtig. Ihr Sinn ist auf das Praktische und Machbare ausgerichtet und wenn sie etwas erreichen will, geht sie logisch und systematisch vor. Ihre Befriedigung findet sie in dem, was sie aus eigener Anstrengung heraus erreicht hat.

Verlässlichkeit, Klarheit und Vernunft sind für die 4 wichtig. Sie kann Verantwortung übernehmen, muss aber aufpassen, dass sie sich das Leben nicht schwerer macht als es ist.

Da die 4 die Zahl der Materie ist, zählt vor allem das, was unter dem Strich herauskommt. Arbeit muss keinen Spaß machen, sondern etwas bringen. Der Sinn für das Praktische und Bodenständige ist bei der Zahl 4 recht ausgeprägt, sie hält sich vorrangig an das, was sie sehen und anfassen kann. Lieber den Spatz in der Hand als die Taube auf dem Dach, ist ihre Devise. Von Natur aus eher konservativ steht sie Veränderungen kritisch gegenüber. Alles was funktioniert ist gut und soll möglichst so bleiben. Die Zahl 4 steht auch für Verträge.

## Deutungsstichworte

*positiv:* Sicherheitsorientiert, praktisch, pragmatisch, sparsam, leistungsbereit, vernünftig, fleißig, sachlich, vorsichtig, logisch, systematisch, solide, bodenständig, diszipliniert, zäh, pflichtbewusst, ausdauernd, verlässlich.

*Negativ:* penibel, nörgelnd, geizig, hart, glaubt nur was sie sieht, unbeweglich, detailversessen, engstirnig, verbissen, dominant.

## Lebenszahl: 4 – Leitsatz

Ich bin ein pflichtbewusster Mensch und soll für mich (und die mir Anvertrauten) Verantwortung übernehmen. Dabei soll ich jedoch darauf achten, dass ich mich nicht überfordere.

## Motivationszahl: 4 – Leitsatz

Meine Seele drängt mich dazu, sparsam mit meinen Ressourcen umzugehen.

## Herzenswunschzahl: 4 – Leitsatz

Ich möchte einen sicheren Beruf.

## Ausdrucks- und Umweltzahl: 4 – Leitsatz

Wenn ich will, dann kann ich hart arbeiten und mir etwas aufbauen.

## Machtzahl: 4 – Leitsatz

Ein erfülltes Leben finde ich, wenn ich fleißig arbeite und mit beiden Beinen auf dem Boden bleibe.

- **weibliche Zahl**
- **Astrologische Entsprechung:** Saturn

# 5 Freiheit

Die Zahl 5 macht Lust auf Entdeckungen. Sie braucht viel Freiheit und möchte stets selbst bestimmen, wann sie kommt und geht. Dabei ist sie durchaus ein Menschenfreund und kann sehr charmant sein.

Einschränkungen mag die 5 nicht leiden und auch mit der Routine kann sie sich nicht so recht anfreunden. Abwechslung ist ihr wichtig und als Multitalent kann sie problemlos mehrere Dinge gleichzeitig am Laufen halten. Dabei muss sie jedoch aufpassen, dass sie ihre Energie nicht verschwendet und am Ende ruhelos wird.

Die 5 möchte etwas von der Welt sehen und daher spielen Reisen eine wichtige Rolle, seien sie geistiger Natur oder real.

Der Einfallsreichtum der 5 führt mitunter auf ungewöhnliche Wege, und mit Vertrauen und dem Glauben an das, was möglich ist, kann sie ihr Glück machen. Die 5 hat dazu eine starke Wunschkraft, die ihr hilft Ziele zu erreichen.

Die Zahl 5 agiert nach dem Motto: Leben und leben lassen. Sie ist tolerant und die Würde des Menschen ist ihr wichtig.

Geistig ist die 5 sehr rege, und obwohl fantasievoll verliert sie nie den Bezug zur Wirklichkeit. Gerechtigkeit ist ihr jedoch wichtig und im Denken strebt sie nach höherer Weisheit. Zu ihr gehört der Fünfstern, das Pentagramm, ein Symbol für den Menschen im menschlichen Mikrokosmos.

## Deutungsstichworte

*Positiv:* charismatisch, tolerant, gerecht, gütig, philosophisch, gibt nicht auf, Multitalent, spontan, entscheidungsfreudig, aktiv, fortschrittlich, einfallsreich, geht ungewöhnliche Wege, strebt nach Weisheit und Wahrheit, begeisterunsfähig, veränderungswillig, reisefreudig, risikobereit, mitreißend, sinnenfroh, freiheitsliebend, abenteuerlustig, vielseitig.

*Negativ:* unbändig, unruhig, übertreibend, bindungsscheu, hemmungslos, unbesonnen, chaotisch, unbeständig.

## Lebenszahl: 5 – Leitsatz
Ich bin ein toleranter Mensch. Im Streben nach Wahrheit und Weisheit kann ich mich weiterentwickeln.

## Motivationszahl: 5 – Leitsatz
Meine Seele drängt mich dazu, mir Freiräume zu schaffen.

## Herzenswunschzahl: 5 – Leitsatz
Ich möchte frei und ungebunden sein.

## Ausdrucks- und Umweltzahl: 5 – Leitsatz
Wenn ich will, dann kann ich mich verändern und neue Wege gehen.

## Machtzahl: 5 – Leitsatz
Ein erfülltes Leben finde ich, wenn ich geistig und real auf Reisen gehe.

- **männliche Zahl**
- **Astrologische Entsprechung:** Jupiter

# 6 Harmonie

Bei der Zahl 6 geht es um die alltägliche Verantwortung und Pflichterfüllung, aber auch um Harmonie und Schönheit. Hier wird ein Zuhause gesucht und eine Familie gegründet, um die man sich kümmern kann.

Die 6 will vor allem lieben und geliebt werden. Aber da sie niemanden enttäuschen will, fällt es ihr nicht immer leicht, sich zu entscheiden. Auch das Nein sagen muss gelernt werden, damit sie sich nicht zuviel aufbürdet.

Der Weg der 6 pendelt immer wieder zwischen Außenwelt und Eigenwelt, zwischen gesellschaftlichen Vorgaben und den familiären Bedürfnissen. Indem sie sich mit ihrer Umgebung und den verlockenden Angeboten der Außenwelt (was man haben und sein muss) auseinandersetzt, kann sie herausfinden, was wirklich glücklich macht.

Zurückweisung und Verzicht machen der 6 zu schaffen, doch kann sie dadurch auch lernen, den Blick für das Wesentliche zu schärfen. Der Umgang mit Pflanzen und Tieren tut gut und kann zur Erholung von Körper und Geist beitragen.

Für die Sorgen anderer hat die 6 viel Verständnis. Auch steht diese Zahl für die Gesundheit und für heilende Fähigkeiten. Für die 6 ist es wichtig, dass sie ihre Mitwelt so akzeptiert, wie sie ist und nicht versucht, sie nach eigenem Bild zu formen. Dann kann sie die Freude, die in ihr ist, weitergeben.

## Deutungsstichworte

*Positiv:* Alltägliche Pflichterfüllung, fröhlich, häuslich, verständnisvoll, mitmenschlich, familiär, Schönheitssinn, gutes Formgefühl, ehrlich, vertrauenswürdig, naturverbunden, Gesundheit, mitfühlend, erotisch, heilend, harmonisch, sich kümmern, Familie, häusliche Angelegenheiten, Kinder(wunsch), Wohnung, Geld, das nicht durch Arbeit verdient wird.

*Negativ:* starrsinnig, ängstlich, aufdringlich, erzieherisch, eifersüchtig, aufopfernd, bequem.

## Lebenszahl: 6 – Leitsatz

Ich bin ein pflichtbewusster Mensch und möchte lieben und geliebt werden. Ich soll mich um die mir Anvertrauten kümmern und Freude weitergeben.

## Motivationszahl: 6 – Leitsatz

Meine Seele drängt mich dazu, mich mit dem Thema: Familie auseinanderzusetzen.

## Herzenswunschzahl: 6 – Leitsatz

Ich möchte ein harmonisches Zuhause.

## Ausdrucks- und Umweltzahl: 6 – Leitsatz

Wenn ich will, dann kann ich mich für andere einsetzen.

## Machtzahl: 6 – Leitsatz

Ein erfülltes Leben finde ich in einer Familie.

- **weibliche Zahl**
- **Astrologische Entsprechung:** Jungfrau-Venus

# 7 Forschung

Als spirituelle Zahl befasst sich die 7 mit den Bereichen des Lebens, die man nicht sehen kann und an die man glauben können muss. Hier geht es um geheimnisvolle Zusammenhänge, die zwar nicht eindeutig beweisbar sind, aber durch individuelle Erfahrung nachvollzogen und als wahr erachtet werden können. Diese münden dann zuletzt in eine persönliche Lebensphilosophie.

Die 7 ist der tiefgründige Denker. Oberflächliche Gespräche und banale Themen interessieren die 7 nicht und sie zieht sich in solchen Fällen lieber zurück. Bei philosophischen Gesprächen blüht sie dagegen auf, denn diese halten ihren Geist in Bewegung und geben ihr etwas zum Nachdenken. Auf andere wirkt die 7 oft grüblerisch, undurchschaubar oder verschlossen, und tatsächlich kann sie sich solange in einen Gedanken verbeißen, bis sie für sich eine Antwort gefunden hat.

Für okkulte und spirituelle Themen bringt die 7 von Natur aus ein Interesse mit, ist jedoch zunächst einmal skeptisch eingestellt. Geglaubt wird dann, wenn es auf der Erfahrungsebene nachvollziebar ist. Da die 7 auf Selbsterfahrung und geistiges Wachstum Wert legt, setzt sie sich gründlich mit ihren bevorzugten Themen auseinander und kann so selbst auch zum Lehrer werden. Geistig hat die 7 viel zu verarbeiten, sie braucht deshalb immer wieder Ruhe und das Alleinsein.

## Deutungsstichworte

*Positiv:* Spirituell, religiös, tiefgründiges Denken, intellektuell, Selbsterfahrung, studieren, Einsichten gewinnen, geheimnisvoll, meditativ, allein sein können, spirituelle und philosophische Neigung, verarbeitend, zurückhaltend, lernen, lehren, planen, geistiges Wachstum, nach einer Lebensphilosophie leben, psychische und geistige Fähigkeiten, forschen.

*Negativ:* unnahbar, reserviert, skeptisch, grüblerisch, verschlossen, perfektionistisch, melancholisch, einsam.

## Lebenszahl: 7 – Leitsatz
Ich bin ein spitituell orientierter Mensch und soll mir eine Lebensphilosophie erarbeiten, die mich leitet.

## Motivationszahl: 7 – Leitsatz
Meine Seele drängt mich dazu, mehr über das Leben zu lernen und spirituell zu wachsen.

## Herzenswunschzahl: 7 – Leitsatz
Ich möchte lernen und meine Welt verstehen.

## Ausdrucks- und Umweltzahl: 7 – Leitsatz
Wenn ich will, dann kann ich mit mir selbst allein sein.

## Machtzahl: 7 – Leitsatz
Ein erfülltes Leben finde ich, wenn ich meine psychischen und geistigen Fähigkeiten anwende.

- **männliche Zahl**
- **Astrologische Entsprechung:** Neptun/Uranus

# 8 Materialisation

Die Zahl 8 will spirituelle und materielle Interessen in Einklang bringen. Das schafft sie, wenn sie sich klare moralische Grundsätze zu eigen macht. Die materielle Welt bietet der 8 ihre Reichtümer an, die aber mancherlei Gefahren bergen, und es wird Urteilsvermögen gefordert, damit der Drahtseilakt zwischen innerem Sehnen und äußerem Begehren gelingt.

Für die Zahl 8 gilt, dass man erntet, was man sät. Daher ist es wichtig„ Verantwortung zu übernehmen für sich selbst und für das Ganze. Die 8 hat einen guten Geschäftssinn, sie ist zu harter Arbeit fähig und diese kann reiche Früchte tragen, wenn das Wohl der Mitmenschen dabei nicht vergessen wird.

Keine Zahl kennt die Höhen und Tiefen des Lebens so gut wie die 8. Sieg und Niederlage liegen für sie dicht beieinander, doch durch ihre angeborene Stärke und Widerstandskraft kann sie diese Extreme überwinden und auch nach den dunkelsten Zeiten wie Phönix aus der Asche neu auferstehen.

Für die 8 ist der Umgang mit Geld ein wichtiges Thema. Durch Erfahrungen mit der Vergänglichkeit von materiellen Werten sowie dem Verfall äußerer Zustände und Besitztümer werden die Sinne geschärft und sie kann zu einem inneren Wertesystem gelangen, das sie sicher durch alle Krisen des Lebens trägt. Durch ihre intensive Lebensart entwickelt die 8 ein starkes Charisma, das niemanden unberührt lässt.

Deutungsstichworte

*Positiv:* Leistungsfähig, seelische Stärke, materieller Erfolg durch eigenes Bemühen, ehrlich, gerecht, Selbstüberwindung, machtvoll, Managementfähigkeiten, kann die Wahrheit hinter den Dingen erkennen, therapeutisch, Führungspersönlichkeit, charismatisch, geschäftstüchtig, Urteilsvermögen, kontrolliert, selbstverantwortlich, widerstandsfähig, einflussreich.

*Negativ:* extrem, intolerant, rücksichtslos, rachsüchtig, nachtragend, Unterdrückung, pessimistisch, depressiv.

Lebenszahl: 8 – Leitsatz
Ich bin ein leistungsfähiger Mensch und soll durch Höhen und Tiefen gehen, um solche Werte zu finden, die über den Tod hinaus Gültigkeit haben.

Motivationszahl: 8 – Leitsatz
Meine Seele drängt mich zur Ehrlichkeit.

Herzenswunschzahl: 8 – Leitsatz
Ich möchte viel Geld verdienen und Einfluss gewinnen.

Ausdrucks- und Umweltzahl: 8 – Leitsatz
Wenn ich will, dann kann ich Führungsaufgaben übernehmen.

Machtzahl: 8 – Leitsatz
Ein erfülltes Leben finde ich, wenn ich meine persönliche Macht zum Wohle aller einsetze.

- **weibliche Zahl**
- **Astrologische Entsprechung:** Pluto

# 9 Mitgefühl

Bei der Zahl 9 geht es um die Erkenntnis, dass alles mit allem zusammenhängt und dass der Mensch nur ein kleines Rädchen im großen Getriebe ist. Dementsprechend muss der Wille des ICH zurücktreten zugunsten der Bereitschaft, sich von höheren Mächten führen zu lassen, um so dem Rätsel der Schöpfung ein Stück näher zu kommen.

Die 9 ist die Zahl des Urvertrauens und der Demut. In der Rückverbindung zum Göttlichen ergeben alle Erfahrungen einen Sinn, und sie können genutzt werden auf dem Weg zur spirituellen Vervollkommnung. Da die Zahl 9 aber auch die Zahl der Auflösung ist, können unbewusste Ängste dazu führen, dass zunächst das Ego in den Vordergrund rückt.

Zufälle spielen für die 9 eine wichtige Rolle, jedoch darf sie sich nicht einfach treiben lassen. Als letzte der Grundzahlen muss sie Angefangenes zu Ende bringen, um wieder frei zu werden für Neues.

Im Umgang mit anderen kann die 9 mediale Fähigkeiten entwickeln, die es ihr ermöglichen, die Energie ihres Gegenübers zu erfassen, zu verstehen und wo nötig zu helfen. Doch darf die 9 sich selbst gegenüber nicht unachtsam sein. Die psychischen Gaben müssen vom Verstand gesteuert und in eine Form gebracht werden, die dem Leben dienen, damit man sich nicht in haltlosen Vorstellungen verliert.

## Deutungsstichworte

*Positiv:* Hilfsbereit, tolerant, sensibel, mitfühlend, sozial, Projekte zu Ende bringen können, geduldig, geistige und spirituelle Vervollkommnung, das Gute in allem sehen, Bedürfnisse anderer verstehen, Urvertrauen entwickeln, bescheiden, geben ohne Gegenleistung zu erwarten, selbstlos, Reinkarnation, hellsichtig, medial, loslassen können.

*Negativ:* Helfersyndrom, Fanatismus, Verlust, Verzicht, Zerstreut, indiskret, unkonzentriert, empfindlich, nervös, chaotisch, egoistisch.

## Lebenszahl: 9 – Leitsatz
Ich bin ein mitfühlender Mensch und weiß, dass das Leben mich trägt. Ich soll mich für meine Mitmenschen einsetzen, jedoch ohne sie ändern zu wollen oder mich selbst aufzugeben.

## Motivationszahl: 9 – Leitsatz
Meine Seele drängt mich dazu, anderen zu helfen.

## Herzenswunschzahl: 9 – Leitsatz
Ich möchte Vertrauen und soziale Kompetenz entwickeln.

## Ausdrucks- und Umweltzahl: 9 – Leitsatz
Wenn ich will, dann kann ich Projekte zu Ende bringen.

## Machtzahl: 9 – Leitsatz
Ein erfülltes Leben finde ich, wenn ich selbstlos helfe.

- **männliche Zahl**
- **Astrologische Entsprechung:** Mars/Neptun

Jede numerologische Deutung gründet auf den neun Grundzahlen, die auf den vorhergehenden Seiten beschrieben wurden. Je besser Sie die Energie dieser Zahlen verstehen, desto leichter wird Ihnen die kombinierte Deutung von Grundzahlen und Einflusszahlen fallen, die ab Seite 88 Thema sein wird. Ich empfehle Ihnen daher, sich immer wieder mit dem Grundschema der Zahlendeutung sowie den ausführlichen Einzelbeschreibungen zu befassen.

Die Leitsätze zu den einzelnen Deutungsthemen, die sich aus Geburtsdatum und Namen errechnen lassen, greifen natürlich nur jeweils einen Teil aus der beschriebenen Zahlenenergie heraus. Wenn Sie üben möchten, dann schauen Sie sich den Text und die Stichworte zu den Zahlen noch einmal an und bilden daraus neue Sätze nach dem nachfolgenden Schema:

- Lebenszahl: Ich bin ...
- Motivationszahl: Meine Seele drängt mich dazu ...
- Herzenswunschzahl: Ich möchte ....
- Ausdrucks- und Umweltzahl: Wenn ich will, dann kann ich ...
- Machtzahl: Ein erfülltes Leben finde ich, wenn ich ...

Nach der Zahl 9 kommt die 10, welche aufgrund der Quersumme wieder zurück an den Anfang führt (10=1+0=1). Es ist ein immerwährender Kreislauf, so wie das Leben selbst.

# Die Meisterzahlen

Neben den Grundzahlen werden in der Numerologie zumeist auch noch zwei der sogenannten Meisterzahlen berücksichtigt. Auch wir werden das tun. Meisterzahlen sind alle Zahlen, die aus zwei gleichen Ziffern bestehen wie 11, 22, 33 und so weiter bis 99.

Der Begriff »Meisterzahl« ist jedoch teilweise irreführend, was die Personen, in deren Berechnungen diese Zahlen auftauchen, sicher bestätigen können. Hier geht es nämlich nicht um einen Meister als solchen, sondern um einen Weg des Wachstums, der auch Krisen mit sich bringen kann. Es ist so, dass diese Zahlen eine höhere Schwingung freisetzen, die man in der Regel nicht beständig aushält.

Die Meisterzahlen folgen im Prinzip demselben Grundschema wie die Grundzahlen, stoßen jedoch generell eher die geistig-spirituelle Weiterentwicklung innerhalb eines Zahlenthemas an. Sie beinhalten vorangegangenen Entwicklungszyklen und bauen darauf auf. Um die hohe Energie der Meisterzahlen ab 33 leben zu können, müsste die Menschheit jedoch bereits eine höhere Entwicklungsstufe erreicht haben, in der alles Trennende weitgehend überwunden wurde, und eine Verwirklichung zum Wohle der globalen Lebensgemeinschaft angestrebt wird. Deshalb werden nur die Meisterzahlen 11 und 22 berücksichtigt, welche die menschliche Existenz des Einzelnen zum Thema haben.

Da wir mithilfe der Zahlen auch das Thema eines Jahres errechnen können, um uns auf Kommendes vorzubereiten, werden wir jedoch möglicherweise auch einmal ein Jahr haben, das uns mit Meisterzahlen wie 33, 44 oder höher konfrontiert. Auch wenn wir diese dann nicht als Meisterzahl behandeln, sollten wir in solchen Jahren besonders aufmerksam sein.

# 11 Vorbild

Die Meisterzahl 11 ist die höhere Potenz der 1, ein ICH, das über sich selbst hinauswachsen und sich weiterentwickeln will. Das erfordert beständige Arbeit an der eigenen Persönlichkeit. In ihren idealistisch motivierten Wachstumsbestrebungen reibt sich die 11 jedoch am DU, an ihrem Gegenüber, das im Alltag sachlich-reale Forderungen stellt, weil die 11 reduziert werden kann auf die Grundzahl 2 (1+1=2). Da ist es nicht verwunderlich, wenn der 11 manchmal die Puste ausgeht und sie nur noch reagiert (2) statt agiert (1). Eigene Interessen und Fremdinteressen müssen immer wieder in Balance gebracht werden.

Auf der einen Seite ist die 11 hochsensibel, sie braucht daher Rückzugsmöglichkeiten, um den Lärm der Welt zu verarbeiten und ihre innere Mitte zu halten. Auf der anderen Seite ist die 11 aber auch kraftvoll und vital. Ihre Aufgabe ist es, innere Stärke zu entwickeln. Wenn sie das tut, ist sie vor allem auf geistigem Gebiet zu großen Leistungen fähig und kann mutig für ihre Ideale einstehen.

Andere sehen in der 11 ein Vorbild und suchen in ihr oft Führung und Inspiration. So begegnet sie sicher auch dem ein oder anderen Nachahmer. Manchmal bildet sich aber auch eine Kluft zwischen der 11 und solchen, die mit ihrem spirituellen Wachstum nicht Schritt halten. Es gilt, sich dann bewusst zu machen, dass jeder einen eigenen Entwicklungsweg geht.

## Deutungsstichworte

*positiv:* Idealist, charismatisch, innere Stärke entwickeln, parapsychologische Fähigkeiten, Mystiker, hochsensibel, intuitiv, spirituelles Wachstum, kraftvoll, vital.

*Negativ:* krisenanfällig, täuschend, konfliktscheu, entartet – das schwarze Schaf, Opfer der Umstände, nervliche Anspannung, passiv.

### Lebenszahl: 11 – Leitsatz
Ich bin in meinem tiefsten Inneren ein Idealist und ich möchte über mich selbst hinauswachsen. Ich soll innere Stärke entwickeln und anderen ein Vorbild sein.

### Motivationszahl: 11 – Leitsatz
Meine Seele drängt mich dazu, spirituell zu wachsen.

### Herzenswunschzahl: 11 – Leitsatz
Ich möchte ein Vorbild werden.

### Ausdrucks- und Umweltzahl: 11 – Leitsatz
Wenn ich will, dann kann ich über mich selbst hinauswachsen.

### Machtzahl: 11 – Leitsatz
Ein erfülltes Leben finde ich, wenn ich meine Intuition einsetze.

- **männliche Zahl, die auch weibliches in sich trägt**
- **Astrologische Entsprechung:** Sonne mit Uranus/Neptun

# 22 Brückenbauer

Die Meisterzahl 22 ist die höhere Potenz der 2. In der Auseinandersetzung mit dem eigenen Innenleben und dem Unbewussten sowie im Umgang mit anderen Menschen will sie sich weiterentwickeln, um etwas zu schaffen, das größer ist als sie selbst. Das erfordert ein Denken, das in hohem Maße begleitet wird vom Instinkt, vom Bauchgefühl, um größere Zusammenhänge zu begreifen, die den zwischenmenschlichen Bereich über den Alltag hinaus prägen. Da die 22 in ihrer Quersumme jedoch auf die 4 reduziert werden kann (2+2=4) und zudem in der Potenz auf die 4 hinweist (2x2=4), muss sie hart für ihre Ziele arbeiten, sei es aufgrund äußerer Notwendigkeiten oder aus innerem Drang heraus. Die 22 weiß zwar, dass man gemeinsam mehr erreichen kann, doch der Funke ihrer Vision muss zum richtigen Zeitpunkt auf andere überspringen. Auch der Umgang mit Macht ist wichtig, denn was sie erreicht, soll zum Nutzen aller sein.

Die 22 ist aufgefordert eine Brücke zu bauen, die den sozialen Zusammenhalt und die Integration Einzelner in die Gesellschaft stärkt. Sie interessiert sich daher für Politik als auch für Wohltätigkeit. Die 22 braucht den Überblick und soll mit Weitblick handeln. Als magische Zahl kann sie ihre Wunschkraft Wirklichkeit werden lassen, muss jedoch aufpassen, dass sie mit sich selbst in Harmonie bleibt.

## Deutungsstichworte

*Positiv:* Weitblick, Überblick, politisch, wohltätig, tugendhaft, instinktiv, ausdauernd, kann organisieren, kooperationsbereit, aus Fehlern lernen, konzentriert, kann mit Macht und Ohnmacht umgehen, verantwortungsbewusst, magisch, gründlich, gesunder Menschenverstand, kann andere anspornen.

*Negativ:* Machtmissbrauch, Minderwertigkeitskomplex, manipulierend, kontrollsüchtig, übereifrig, zwanghaft, gestresst, Konflikte mit der Mutter (die aufgearbeitet werden müssen), macht immer wieder die gleichen Fehler.

## Lebenszahl: 22 – Leitsatz
Ich bin ein gründlicher Mensch, der aus seinen Fehlern lernt, und ich soll Verstand und Instinkt gleichermaßen nutzen, um Ziele zum Wohle aller in meiner Umgebung zu erreichen.

## Motivationszahl: 22 – Leitsatz
Meine Seele drängt mich, Verantwortung zu übernehmen.

## Herzenswunschzahl: 22 – Leitsatz
Ich möchte etwas Großes schaffen.

## Ausdrucks- und Umweltzahl: 22 – Leitsatz
Wenn ich will, dann kann ich andere anspornen.

## Machtzahl: 22 – Leitsatz
Ein erfülltes Leben finde ich, wenn ich mich sozial engagiere.

- **weibliche Zahl**
- **Astrologische Entsprechung:** Venus mit Saturn/Uranus

# 33 Avatar

In der numerologischen Praxis verwenden wir ausschließlich die Meisterzahlen 11 und 22. Alle anderen Meisterzahlen ab der 33 bleiben unberücksichtigt und werden wie alle anderen zweistelligen Zahlen auf ihre Grundzahl reduziert und nur in ihrem verdoppelten Einfluss auf diese Grundzahl gedeutet, was dann so aussieht: 33/6.

Der Grund liegt darin, dass jede höhere Meisterzahl auch höhere spirituelle Anforderungen stellt. Bereits die 33 hat als Meisterzahl für uns Menschen eine zu hohe Schwingung, die auf weltlicher Ebene nicht gelebt werden kann.

Die Meisterzahl 33 als Potenz der 3 führt nämlich zur 9 (3x3=9), was unter dieser hohen Schwingung der befreiten Seele entspricht. Das Weltliche liegt somit hinter ihr. Sie löst es auf und geht über in die reine Schöpfungsenergie des Göttlichen. Dieses Göttliche beinhaltet die All-Liebe und ein universales Verständnis, welches besagt, dass im Chaos zugleich der Kosmos ist.

Die Zahl 33 verlangt spirituelle Meisterschaft, sie entspricht dem Avatar, dem spirituellen Führer, und sie ist die Zahl Christi, der 33 Jahre auf Erden gelebt haben soll. Nach der Überlieferung konnte Christus Brot vermehren, auf dem Wasser gehen, er konnte heilen und sogar Tote erwecken. Dennoch hat man ihn angefeindet und ans Kreuz genagelt. Er wurde zum Opfer weltlicher Ränkespiele, verursacht durch solche, welche den Schöpfungsgeist noch nicht verstanden haben. Jedoch ist Christus nach 3 (!) Tagen wiederauferstanden. Er hat somit das »Kreuz« des Lebens, die Bürden und Schwierigkeiten, die es mit sich bringt, überwunden und wurde zur göttlichen Energie, die den Menschen anleiten kann.

---

**Merke:**
Die Meisterzahlen 11 und 22 werden nicht auf ihre Grundzahl reduziert. Sie bleiben grundsätzlich als Doppelzahl stehen und werden als Meisterzahl gedeutet.

Alle anderen Meisterzahlen von 33 bis 99 haben eine zu hohe Schwingung, als dass sie vom Menschen im realen Alltag gelebt werden könnten. Um sie dennoch nutzen zu können, wird ihre normalerweise potentierte Energie als einfaches Wirk-Doppel gedeutet, siehe Kapitel: »Die Meisterzahlen als Lebensaufgaben« ab Seite 53.

# Die Meisterzahlen in der Science Fiction

Einelne Themen der Meisterzahlen von 33 bis 99 finden wir immer wieder einmal in der Science Fiction, welche Zukunftsvisionen zeigt, die in der aktuellen Realität kaum vorstellbar sind. Spielen wir daher das Entwicklungsschema der Meisterzahlen einmal durch, um zu sehen, wohin sie die Menschheit führen könnten, wenn jeder Einzelne das Schwingungsniveau erreicht hätte, das nötig ist, um diese Zahlen in ihrer höchsten Vollendung zu leben.

**33** Wenn die Menschheit den erleuchteten Geist der Meisterzahl 33 leben könnte, der aus sich selbst heraus Wunder schafft, dann gäbe es auf der Welt keinen Hunger mehr und keine Veranlassung zum Krieg. Jeder wäre fähig, seinen Nächsten zu verstehen und zu lieben wie er ist, unabhängig von Rasse und Religion. Man würde voneinander lernen, und die Bedürfnisse aller könnten kraft des Geistes erfüllt werden.

**44** Der nächste Entwicklungsschritt wäre die Meisterzahl 44, die in der Potenz zur Zahl 16 führt (4x4=16), welche in der Quersumme 7 (1+6=7) ergibt. Die 16 spiegelt sich sehr gut in der Tarotkarte: Turm, und unter der hohen spirituellen Schwingung der Meisterzahl 44 wäre das eine Energie wie beim Untergang Babylons. Die geistige Haltung der Menschheit würde auf ihre Substanz (44) hin geprüft werden, und wenn die höhere Erkenntnis (die Zahl 7) in der Erfahrung des Selbstschaffenkönnens so verzerrt würde, dass die Menschheit statt ihre spirituelle Energie weiterzuentwickeln sich gleich selbst zum Schöpfer allen Seins erhöbe, wäre das vermutlich bereits der Untergang. Die Menschheit würde am eigenen Leib erfahren, dass sie zwar ihre Erde nutzen darf (1 und 6), aber nicht der Herr der Erde ist – oder anders ausgedrückt: Die Menschheit müsste erkennen, dass das Göttliche zwar im Menschen ist, aber dass sie nicht Gott selbst ist. So würde die Menschheit unter der 44 bei Fehlverhalten in aller Härte ihren Meister finden. Um der Vernichtung zu entgehen, müsste sie fähig sein, die Ressourcen ihrer Erde zu bewahren beziehungsweise wiederaufzubauen, und daneben die Elemente beherrschen lernen.

| **55** | Der Rest der Menschheit, welcher die Prüfung der 44 überstanden hätte, müsste sich im nächsten Entwicklungsschritt mit der Meisterzahl 55 auseinandersetzen, die in ih- |

rer Potenz zur 25 (5x5=25) führt und dann in der Quersumme wiederum zur 7 (2+5=7). Unter der hohen Meister-Energie der 55 entspräche das einer aufgewühlten Seelenenergie, die sich unter unkontrollierbaren äußeren Umständen bis ins Weltall ausdehnt, das neue Chancen für gemeinsames Wachstum bietet (25). Experimente könnten zu einer Veränderung der geistigen Energie führen, um nach einer Phase der Selbstprüfung (7) einen Neuanfang zu riskieren (55).

| **66** | Die nachfolgende Meisterzahl 66 führt in ihrer Potenz zur Zahl 36 (6x6=36), welche in ihrer Quersumme auf die 9 (3+6=9) verweist. Unter der hohen Schwingung der |

66 würde es für die Menschheit somit um die Quadratur des Kreises gehen. Dies müsste die gelebte Erkenntnis beinhalten, dass die spirituelle Einheit (das Göttliche = 0), die sich aus dem Kreis (360°) ergibt, stets Anfang und Ende enthält, im Quadrat (das Irdische = 4) aber stets der Vollendung (9) zustrebt. Die Zahl 36 enhält vier Mal die 9 (4x9=36), was der irdischen Vollendung entspricht und im Sinne des nie endenden Kreises gleichzeitig einer Initiation gleicht, die außerhalb des bislang Bekannten zu einer nächst höheren Stufe der Entwicklung führt. Die Menschheit müsste daher unter dieser Meisterzahl 66 die Verantwortung für ihre freie Seele übernehmen, sie schützen, heilen und kommunikativ stärken (66).

Dies würde bedeuten, dass die Menschheit zu einer sicheren geistigen Kommunikation fähig sein müsste, die auch über große Entfernungen hinweg funktioniert, was einem entkörperten Geist entspricht, der bei Bedarf auch außerhalb des Raums existieren könnte. Damit einhergehend müsste die Menschheit jedoch auf der Hut sein, denn eine solche geistige Macht birgt gefährliche destruktive Verlockungen und lädt zu Mißbrauch ein. Die Menschheit wäre damit mitten in der Auseinandersetzung zwischen Gott und dem Teufel, weil die 66 in ihrer Potenz zur 36 führt und die Zahlenreihe 1 bis 36 zusammenaddiert (1+2+3+ ... 36) die Zahl 666 ergibt, die als Zahl des Teufels gilt.

| 77 | Die Meisterzahl 77 verweist in ihrer Potenz auf die Zahl 49 (7x7=49), die in ihrer Quersumme zunächst zur 13 führt und danach zur 4 wird (4+9=13, 1+3=4). Unter dieser |

extrem hohen Meisterschwingung würde die Menschheit vor dem Abschluss ihrer seelisch-geistigen Entwicklung stehen (77 hin zu 49). Sie hat jetzt Einfluss, müsste sich aber auch mit dem möglichen Ende (13 als Entsprechung zur Tarotkarte: Der Tod) ihrer körperlichen Existenz (4) beschäftigen und der Frage, wie es danach weitergeht.

**88** Die nachfolgende Meisterzahl 88 führt in ihrer Potenz zur Zahl 64 (8x8=64), die in ihrer Quersumme auf die 10 (6+4=10) verweist und danach auf die 1 (1+0=1). Die 64 deutet auf eine Neuorganisation bekannter Zustände, während die 10 als Katalysator zur Erneuerung fungiert und die 1 zur Initiative auffordert. Unter der in der Meisterzahl 88 noch einmal erhöhten Schwingung müsste die Menschheit daher ihre spirituellen Fähigkeiten neu organisieren und ausbalancieren, um einen geistig-seelischen Schwebezustand zu erreichen, der sie in andere Welten versetzen kann und ein Leben unter bis dato noch unberechenbaren Bedingungen (die 0 in der 10) möglich macht.

**99** Die letzte Meisterzahl der Zweierreihe ist die 99. Diese führt in der Potenz zur 81 (9x9=81) und in der Quersumme davon zur 9 (8+1=9). Die Menschheit würde jetzt unter der höchstmöglichen Schwingung stehen, welche ihr wahre Macht verleihen würde, sofern sie als geschlossenens Ganzes eine selbstbeherrschte und mitfühlende geistige Identität entwickelt hätte (81). Aber sie müsste sich nun auch endgültig von der Erde verabschieden, um als (eventuell vorübergehend) entkörperte Wesenheit irgendwo im Unbekannten des Universums neue Gestalt anzunehmen.

Wie Sie gesehen haben, steigt die spirituelle Schwingung der Meisterzahlen mit jeder nächsthöheren Doppelzahl um ein vielfaches an, und es ist völlig utopisch, dass die Menschheit, die ja aus vielen unterschiedlich denkenden Einzelindividuen besteht, jemals die Schwingungsebene der 99 erreicht. So etwas ist derzeit nur in Fantasy- oder Science Fiction-Romanen möglich. Auch der einzelne Mensch ist mit der Umsetzung dieser Meisterenergie überfordert, denn das Leben wirft uns bei allem geistigen Streben immer wieder ins Irdische mit all seinen Begrenzungen hinein, schon einfach deshalb, weil wir nicht nur Seele und Geist haben sondern auch einen Körper.

Dennoch können wir aus der Energie der Meisterzahlen von 33 bis 99 etwas für uns herausholen, denn sie zeigen neben den utopischen Möglichkeiten auch die Lebensaufgaben der Menschen, deren Lösung gundsätzlich für eine Weiterentwicklung nötig sind. Die real genutzen Meisterzahlen 11 (innere Stärke) und 22 (gesunder Menschenverstand) bilden für eine solche geistige Weiterentwicklung die Grundlage, und sie können die nachfolgenden Meisterzahlen nutzbar machen. Schauen wir uns auch das nachfolgend einmal an.

# Die Meisterzahlen als Lebensaufgaben

Wie schon gesagt, bilden die real genutzten Meisterzahlen 11 (innere Stärke) und 22 (gesunder Menschenverstand) die Grundlage für jede geistige Weiterentwicklung.

Die Potenz aller nachfolgenden Meisterzahlen erzeugt jedoch eine zu hohe Schwingung, als dass man sie unter realen Lebensbedingungen ausschöpfen könnte. Daher werden die Meisterzahlen von 33 bis 99 in ihrem doppelten Einfluss (die zwei nebeneinander stehenden Zahlen) auf ihre Grundzahl (z.B. 33 = 3+3=6 = 33/6) gedeutet. Auf diese Weise wird das Entwicklungspotential der Meisterzahlen quasi auf den Boden der Tatsachen geholt, wo sie für den Einzelnen fühl- und greifbar werden und die geistige Weiterentwicklung durch bestimmte Herausforderungen anstoßen. Wir können diese Zahlen daher als Lebensaufgaben begreifen, die jeder Mensch lösen muss, wenn er sich geistig-seelisch weiterentwickeln möchte.

Manche Menschen haben eine oder mehr dieser Zahlen innerhalb der 5 Themenbereichen ihres Numeroskops. Die Eigner können dann davon ausgehen, dass die entsprechende Zahlenthematik in ihrem Leben eine bedeutungsvolle Rolle spielt und spezielle Lernaufgaben beinhaltet. Alle anderen begegnen den höheren Meisterzahlen sicher einmal im Lauf der Jahre, die dann besondere Aufmerksamkeit fordern.

Aber schauen wir uns jetzt die Meisterzahlen und die damit verbundenen Aufgaben einmal an.

| 11 | Die Meisterzahl 11 fordert uns auf, innere Stärke und einen inspirierten Verstand zu entwickeln, um dem Leben aufrecht gegen- |

überzutreten. Sie bildet somit das geistige Fundament, um die gestellten Lebensaufgaben lösen zu können.

**22** Die Meisterzahl 22 fordert uns auf, gesunden Menschenverstand und Intuition zu entwickeln, um die Welt in der wir leben, fassen zu können. Sie bildet somit die seelische Grundlage für die Lösung der Lebensaufgaben.

Beide, die Meisterzahlen 11 und 22 zusammen, ergeben die geistig-seelischen Voraussetzungen für die konkrete Lösung der nachfolgenden Aufgaben.

**33/6** Die Meisterzahl 33 fordert eine Auseinandersetzung mit der Umwelt und die Überprüfung des eigenen Umgangs mit Kritik. Sie weist darauf hin, dass es auf dieser Welt Opfer als auch Täter gibt und dass keines von beiden im göttlichen Sinn ist. Die Meisterzahl 33 fordert daher dazu auf, sich weder zum Opfer machen zu lassen noch selbst zum Täter zu werden, sondern den moralisch richtigen Umgang mit anderen Menschen zu üben.

**44/8** Die Meisterzahl 44 prüft unsere Standfestigkeit. Sie fordert uns auf, mit den zur Verfügung stehenden Ressourcen hauszuhalten, seien das Geld, Nahrungsmittel oder die Kräfte des eigenen Körpers. Durch Begrenzungen und Verlust soll man sich weder lähmen noch stressen lassen, sondern auf festen inneren Werten aufbauen, um die Prüfung zu bestehen. Auf einer weitergefassten Ebene ermahnt uns die 44 zu einem sorgsamen Umgang mit der Erde, die uns trägt und ernährt.

**55/1** Die Meisterzahl 55 prüft unsere Flexibilität und Risikobereitschaft. Sie fordert dazu auf, Probleme aus verschiedenen Blickwinkeln zu betrachten, um die beste Lösung zu finden. Sie schenkt Gelegenheiten und bietet die Möglichkeit zum Neuanfang, warnt jedoch davor, rücksichtslos zu werden und alles aufs Spiel zu setzen.

**66/3** Die Meisterzahl 66 prüft unser Mitgefühl und unsere Einflussnahme auf andere. Sie fordert auf zur Versöhnung mit uns selbst und der Umwelt und sie will, dass wir heilsam werden. Sie warnt auch davor, eigene Macht zu missbrauchen, damit wir nicht Leid über andere bringen, weil das am Ende in irgendeiner Form auf uns selbst zurückfallen würde.

**77/5** Die Meisterzahl 77 prüft unseren spirituellen Entwicklungsstand. Haben wir noch den Bezug zur Realität oder ist uns diese im geistigen Bestreben verlorengegangen? Nur im Zusammenspiel von Körper, Seele und Geist können wir Dinge wirklich verändern und daher ergeht die Aufforderung, das eigene Innere zu erforschen und uns in

Selbsterkenntnis zu üben, damit wir die eingeschlagene Richtung gegebenenfalls korrigieren zu können.

**88/7** Die Meisterzahl 88 mahnt zur Ausgewogenheit zwischen weltlichem und geistigem Leben. Sie will, dass wir immer wieder die gesunde Balance suchen, damit wir nicht zum Zerstörer sondern zum Förderer unserer Welt werden.

**99/9** Die Meisterzahl 99 drängt uns zur Auseinandersetzung mit der Vergänglichkeit allen Seins. Sie fordert auf, unsere Angelegenheiten nicht nur äußerlich sondern auch auf geistiger und seelischer Ebene abzuschließen, um dadurch wahrhaft frei für Neues zu werden.

# Karmische Zahlen

Das Wort »Karma« kommt aus dem Sanskrit und bedeutet übersetzt »Tat«. Karma spielt also darauf an, dass wir unser Handeln überprüfen müssen, um nicht immer wieder in die gleichen Fehler zu verfallen.

Im Grunde ist jede Zahl karmisch, weil alle positive als auch negative Seiten haben und wir uns entscheiden müssen, welche ihrer Ausdrucksweisen wir leben wollen. Dazu braucht es Willenskraft, denn es ist nicht immer einfach, die schädlichen Muster einer Zahl loszuwerden und in den Genuss ihrer fördernden Eigenschaften zu kommen. Das Leben gibt uns aber manigfaltige Gelegenheiten dazu und wenn wir uns ein bisschen Mühe geben, kommen wir Schritt für Schritt weiter.

Bei manchen Zahlen der Zweierreihe lauern jedoch besondere Gefahren und sie gelten daher als traditionell schwierig. Diese bezeichnen wir als »karmische Zahlen«, denn sie erfordern eine Überprüfung der eigenen Handlungsweise, damit wir nicht immer wieder der negativen Seite der Zahl anheimfallen und uns damit von Leben abschneiden. Es sind dies die Zahlen: 13, 14, 16 und 19. Schauen wir uns das einmal genauer an!

**13** Hier wirkt das Ich (1) auf die Umwelt (3), was zu einer gefährlichen Einseitigkeit führen kann. Das Ich kann hier Einfluss nehmen (1 auf 3) und durch vorbildliche Arbeit (13 wirkt auf seine Grundzahl 4) Positives für die Gemeinschaft bewirken. Wer aber versucht, seine Mitmenschen nach eigener Vorstellung zu formen, wird früher oder später auf Widerstand stoßen und sich dann irgendwann selbst abgelehnt fühlen. Da die 13 zur Quersumme 4 (1+3=4) reduziert wird, kann das soweit gehen, dass sich eine Situation so verhärtet, dass nichts mehr geht. So warnt die 13 davor, kalt und unzufrieden zu werden und ins Negative zu verfallen, aber auch davor, sich selbst und seine Mitmenschen aufzugeben. Sie fordert zum Loslassen auf und zum Annehmen von Gegebenheiten, damit sich auf natürliche Weise etwas verändern kann.

Die Zahl 13 findet ihre bildhafte Entsprechung in der Tarotkarte Nr. 13 »Tod«, welche den Abstieg in die Unterwelt thematisiert, wo Furcht und alte Gewohnheiten abgelegt werden müssen, damit Transformation, Wandlung und Erneuerung geschehen kann.

| 14 |

In der Zahl 14 wirkt das Ich (1) auf den eigenen Körper und die persönlichen Lebensbedingungen ein (4). Im Positiven kann sich das Ich hier eine sichere Basis schaffen, die auch Raum lässt, um zu entspannen oder um überraschende Gelegenheiten zu nutzen, weil die 14 auf ihre Grundzahl 5 wirkt (1+4=5). Wer hier aber eine Alles-oder-Nichts-Haltung einnimmt und in Extreme verfällt, schadet sich selbst und bleibt am Ende als ein vom Leben enttäuschter Mensch hinter seinen Möglichkeiten zurück.

Bei der Zahl 14 besteht die Gefahr, zum Arbeitstier zu werden, das sich nichts gönnt und aus Existenzängsten heraus sowie im Versuch, die Kontrolle zu behalten, auch an schädlichen Situationen festhält, nach dem Motto: Das bekannte Elend zu ertragen ist immer noch besser als das Risiko des Unbekannten einzugehen (14). Die das Leben absichernde Struktur, welche das Geschenk dieser Zahl ist, wird dann zum einengenden Korsett, das alle Lebensfreude rauben kann.

Auch das andere Extrem ist möglich, das bei auftretenden Schwierigkeiten einen Fluchtreflex auslöst (14 wirkt auf die Grundzahl 5), welcher letztendlich jedoch zu einem Mangel an Selbstdisziplin führt. Dies hätte zur Folge, dass man sich nicht im Leben verankern kann und ruhelos würde.

Die Zahl 14 fordert daher auf, einen Mittelweg zu gehen, sodass Disziplin und Freiheit in Einklang gebracht werden können. Sie ermahnt uns, im Gleichgewicht zu bleiben, damit Fehlschläge, Enttäuschungen und Verluste vermieden werden.

Die Tarotkarte Nr. 14 »Mäßigkeit« ist das Bild dieser Zahl, welche den inneren Frieden thematisiert, der aus der steten Zirkulation der Kräfte resultiert.

**16** In der Zahl 16 wirkt das Ich (1) auf Freunde, Familie und die vertraute Umgebung ein (6). Im Positiven kann das Ich hier konstruktiv mit anderen zusammenwirken und im verantwortungsbewussten Austausch für ein heilsames Miteinander sorgen (16), das alle im spirituellen Sinn wachsen lässt (16 wirkt auf seine Grundzahl 7). Wer sich hier jedoch als unbelehrbarer, überheblicher Besserwisser verhält, der anderen seine Überzeugungen aufzwingen will, wird irgendwann vor den Scherben seiner sozialen Kontakte stehen.

Bei der Zahl 16 wirken zwei Bestrebungen, eine extrovertierte (nach außen geöffnet) und eine introvertierte (nach innen geschlossen). Der Wunsch, irgendwo eine Heimat zu finden mit Menschen, denen man sich zugehörig fühlen kann (1 wirkt auf 6) steht hier daher im Konflikt mit dem Wunsch, Einsichten in die Zusammenhänge des Lebens zu finden, um daraus eine eigene Lebensphilosophie zu entwickeln (1 wirkt auf 7).

Da der Glaube sowie die aus eigenem Erleben gewonnenen Einsichten (7) über ein bestimmtes Thema immer persönlich (1) sind, können die daraus resultierenden Meinungen nicht ohne Weiteres auf andere übertragen werden, da jeder Mensch einen eigenen Weg und Rhythmus hat, also ein eigenes Ich. Die Zahl 16 warnt daher davor, die eigene Meinung und den eigenen Glauben als allgemeingültig zu betrachten und andere bekehren zu wollen. Da die 1 auf die 6 wirkt und gleichzeitig auch auf die 7, welche die Grundzahl der 16 ist (1+6=7) besteht hier auch wieder die Gefahr, in Extreme zu fallen. So könnte eine einseitige Konzentration auf die alltäglichen Verpflichtungen aufgrund gesellschaftlicher Normen (was *man* tun muss) dazu führen, dass persönliche Lebensziele aus den Augen verloren werden. Das andere Extrem wäre eine ausschließliche Hinwendung zu geistiger Forschung, was dem exzessiven Bücherwurm entspricht, der sich Tag und Nacht in seinem Kämmerlein einschließt und das Leben an sich vorbeirauschen lässt. Die Zahl 16 warnt daher vor falschem Handeln und Denken, das Missgeschick und Verlust nach sich zieht. Sie fordert dazu auf, Lebensklugheit zu entwickeln.

In der großen Arkana des Tarot findet die Zahl 16 ihre Entsprechung in der Karte Nr. 16 »Turm«. Sie thematisiert die Sprengung des Egos aus seinem Gefängnis und zeigt sie als notwendige Voraussetzung, um stockende Energien wieder in Fluss zu bringen.

## 19

In der Zahl 19 wirkt das Ich (1) vervollkommnend (9) auf sich selbst ein (1+9=1), was auch einen mitfühlenden Blick auf die eigene Vergangenheit benötigt, unter die ein Schluss-Strich gezogen werden soll.

Wir Menschen reagieren immer aus einem augenblicklichen Entwicklungsstand heraus und in diesem Sinne machen wir nichts falsch. In solchem Bewusstsein können wir dann auch die Dinge in unserem Leben betrachten, die nicht so gut gelaufen sind und die wir heute anders machen würden.

Unter der Zahl 19 ist das Ich (1) fähig, Dinge zu einem Abschluss zu bringen, welcher Verständnis und Mitgefühl für sich selbst und andere Beteiligte beinhaltet, um danach kraftvoll und ohne Altlasten weiter voranzuschreiten.

Bei der Zahl 19 wird es wichtig, die Motive zu überprüfen, welche das eigene Handeln antreiben. Wer sich hier nur mit sich selbst und seinen Vorteilen beschäftigt (1 als Antreiber und als Grundzahl), verkennt seinen Daseinszweck (9) und muss damit rechnen, dass er am Ende vor dem Nichts steht. So warnt die 19 vor Selbstüberschätzung, Kräfteverschleiß und Egoismus. Sie fordert ein Handeln im Einklang mit den kosmischen Prinzipien von Mitgefühl und Verständnis, damit die Persönlichkeit an ihren Erfahrungen reifen kann und echtes (Selbst-)Bewusstsein erlangt.

Die Zahl 19 spiegelt sich in der Tarotkarte Nr. 19 »Sonne«. Diese thematisiert das Aufblühen der Persönlichkeit, welche die Begrenzung des niederen Egos überwunden hat und nun von Lebensfreude und Großzügigkeit erfüllt ist.

## Was man über Zahlen noch wissen sollte

Alle Zahlen werden mathematisch eingeteilt in ungerade und gerade Zahlen. Die Numerologie gibt dieser Einteilung eine spirituelle Bedeutung.
- Ungerade Zahlen tragen demnach eine männliche Energie in sich. Sie sind zeugend und introvertiert.
- Gerade Zahlen tragen eine weibliche Energie in sich. Sie sind geöffnet, empfangend und extrovertiert.

Wenn eine ungerade Zahl mit einer geraden Zahl addiert wird, ist das Ergebnis immer eine ungerade Zahl. Es ist ein Hinweis auf den schöpferischen Akt, der jeder Entwicklung vorausgehen muss.

Beispiel:
3 (ungerade Zahl) + 4 (gerade Zahl) = 7 (ungerade Zahl)

Wenn zwei gerade Zahlen miteinander addiert werden, kann das Ergebnis gerade oder ungerade sein. Genauso verhält es sich, wenn zwei ungerade Zahlen miteinander addiert werden. Dies ist ein Hinweis darauf, dass wir immer beides in uns tragen, den Animus (ungerade Zahl) und die Anima (gerade Zahl), unabhängig davon, ob wir Mann oder Frau sind. Beides soll gleichermaßen entwickelt und gelebt werden.

Beispiel einer Addition von geraden Zahlen:
2 (gerade Zahl) + 4 (gerade Zahl) = 6 (gerade Zahl).
4 (gerade Zahl) + 8 (gerade Zahl) = 12 (1+2) = 3 (ungerade Zahl)

Beispiel einer Addition von ungeraden Zahlen:
1 (ungerade Zahl) + 3 (ungerade Zahl) = 4 (gerade Zahl).
3 (ungerade Zahl) + 7 (ungerade Zahl) = 10 (1+0) = 1 (ungerade Zahl).

## Göttliches Dreieck

Das göttliche Dreieck ist eine Figur, die sich aus der Addition der ersten vier Grundzahlen ergibt : 1+2+3+4=10 (siehe Seite 18: Tetraktys). Es steht für die allumfassende göttliche Ordnung, die sich in der christlichen Glaubenslehre in den 10 Geboten spiegelt: 3 Gebote für den Umgang des Menschen mit Gott, 7 Gebote für den Umgang der Menschen untereinander.

## Die Sonderstellung der Zahl 9

**9**

Wenn man die Zahl 9 irgendeiner andere Zahl zufügt, so wird diese in ihrer Quersumme nicht verändert. Beispiel: **8**+9 = 17 (1+7) = **8**
Die Zahl 9 gilt daher als Zahl der Vollendung, weil im Prinzip alles schon gelaufen ist. Der Funke der Initiation des Neuen (über die nachfolgende 10 zur 1) ist jedoch passiv bereits enthalten. Dies bedeutet, dass Altes verabschiedet werden muss, damit sich Neues entfalten kann.

Da sich durch die Zahl 9 nichts mehr verändert und in ihr die passive 1 beziehungsweise 10 enthalten ist, gilt sie im Negativen auch als Zahl des Egoismus. Das Ego muss in dem Fall im sich wiederholenden Kreislauf an den Anfang zurückkehren, was ihm erneut eine Chance zur Entwicklung bietet. In diesem Sinne steht die Zahl 9 auch mit dem Gedanken der Wiedergeburt in Verbindung.

**36**

Die Zahl 36 enthält 4 mal die 9 und gilt daher als Zahl der irdischen Vollendung. Sie teilt die Einheit des Kreises (360°), in dem Anfang und

Ende enthalten ist, in Abschnitte auf, die den Kreislauf des Lebens nachvollziebar werden lassen. Dies zeigt sich auch sehr deutlich in der Astrologie, die sich ja zeitweise gleichzeitig mit der Numerologie entwickelt hat.

Der Astrologie als auch der Numerologie liegen ursprünglich Beobachtungen in der Natur zugrunde, was auch den Lauf der Sterne einschließt. Diese Beobachtungen wurden praktisch (z.b. zur Nutzung eines Kalenders für die Einteilung der Zeit) sowie in geistiger Hinsicht auf das Menschenleben übertragen, nach der Idee: Wie im Großen so im Kleinen. Es entstand eine Jahreseinteilung in 4 Jahreszeiten mit je 3 Monaten, die wiederum in 3 Dekanate von jeweils 10 Tagen geteilt wurden. Das ergibt 12 Tierkreiszeichen mit jeweils 3 Perioden, also 36 Dekanate.

In der Numerologie wird die Zahl 36 auch benutzt, um größere Zeitabschnitte zu definieren.

## Die 0 beziehungsweise die 10

| 0 |

Die 0 ist keine Zahl, mit der man rechnen kann, denn 0 plus 0 bleibt immer 0. Sie entspricht dem Nichts, in dem Chaos und Kosmos zugleich ist. Die 0 ist die unbekannte Größe, in der alles passieren kann oder nichts. Sie liegt außerhalb des Fassbaren und steht daher für das göttliche Prinzip. Als Ursprung allen Seins steht die 0 für das Oben (Gott, Kosmos), das im Unten (Mensch) seine Entsprechung finden soll.

Die 0 verstärkt die Energie anderer Zahlen um das Zehnfache (10, 20, 30 ...), gibt diesen Zahlen aber keine Richtung vor, sodass sie aus sich selbst heraus neue Entwicklungen in Gang setzen müssen.

Die Zahl 10 ist die erste zweistellige Zahl und sie verbindet das Individuum (1) mit seinem geistigen Urgrund (0). Das Ich wird zehnfach verstärkt, wobei die zehfache 0 wie ein Katalysator wirkt, der Prozesse in Gang bringt, die für neue Entwicklungen sorgen. Entsprechend zeigt das Tarot die Karte Nr. 10 als »Rad des Schicksals«, was auf das Rätsel des Lebens hinweist, das es jetzt zu lösen gilt. Es geht um Änderungen und Wendungen, die aktiv in Angriff genommen werden sollen, aber auch um das Glück, um die göttliche Fügung, die sich in Form von Zufällen manifestiert.

Die 0 alleine wird in den großen Arkanen des Tarot im Bild des Narren gezeigt, bei dem völlig offen bleibt, was als nächstes geschehen wird.

# Praxisteil 1 - Berechnung perrsönlicher Zahlen

## Die Regeln der Zahlenberechnung

Wir benutzen neben dem Geburtsdatum den gesamten Namen, wie er in der Geburtsurkunde vermerkt ist – den Vornamen, eventuelle Zusatznamen und den Familiennamen, den wir bei der Geburt erhalten haben. Bei einer Adoption wird, wenn bekannt, ebenfalls der ursprüngliche Name verwendet, da er das wirkliche Schicksal zeigt.

Eine Änderung des Namens, zum Beispiel durch Heirat oder auch ein Künstlername oder Kosename können wir als zusätzliches Rüstzeug betrachten, es hebt aber den Ursprungsnamen nicht auf. Für die Berechnungen in diesem Buch lassen wir das erst einmal weg, aber es steht Ihnen natürlich frei, auch diese Namen auszurechnen und zu schauen, was durch diese Ergänzung zu Ihren Geburtsthemen dazu kommt.

Wir rechnen folgende Zahlen aus:
- Die Lebenszahl, manchmal auch Lebensaufgabenzahl genannt.
- Die Herzenswunschzahl
- Die Motivationszahl
- Die Ausdrucks- und Umweltzahl
- Die Machtzahl

Aus diesen errechneten Zahlen ergibt sich unter Umständen eine weitere Zahl:
- Die Zahl für die karmische Lektion beziehungsweise die Lernaufgabenzahl

Die errechneten Zahlen sind die Grundlage für die Deutung ab Seite 88 und Ausgangspunkt für weiterführende Berechnungen und Analysen (ab Seite 132)

# Die Berechnung der persönlichen Zahlen

Wir arbeiten in diesem Buch mit zwei numerologischen Beispielberechnungen, einmal für Johanna und einmal für Hansmartin, die wir im »Praxisteil 2« ab Seite 88 auch ausführlich deuten werden.

Auf Seite 86 sehen Sie das bereits ausgefüllte Formular für Johanna. Ein solches Formular erleichtert in der Praxis die Berechnungen und zeigt das Ergebnis auf einen Blick. Im Anhang ab Seite 164 finden Sie einige dieser Formulare, in die Sie persönliche Auswertungen für sich selbst und ihre Familienmitglieder eintragen können, so wie wir es nun in der Reihenfolge hier tun werden. Vermutlich werden Sie aber zunächst auf einem Blatt Papier rechnen, nehmen Sie dann am besten ein großkariertes Blatt und tragen Sie Buchstaben wie Zahlen in jeweils ein Kästchen ein, damit alles übersichtlich bleibt und Rechenfehler aufgrund verrutschter Zahlen vermieden werden.

Wir rechnen für jedes Thema die beiden Einflusszahlen aus, und aus diesen wird dann die Grundzahl ermittelt. So erhalten wir jeweils drei Zahlen, die in Kombination gedeutet werden. Der Rechenweg muss immer auf eine bestimmte Art erfolgen, damit das Ergebnis stimmt.

Beim Geburtsdatum arbeiten wir mit zweistelligen Zahlen, so wie Sie es in dem Formular auf Seite 86 sehen können. Würden wir das nicht tun, sondern einfach nur jede Zahl addieren, so bekämen wir zwar dieselbe Grundzahl heraus, aber die Einflusszahlen könnten anders aussehen, auf jeden Fall immer dann, wenn jemand im November oder Dezember geboren worden ist. Am Beispiel von Johannas Geburtsdatum: 08.11.1920 wird das deutlich. Wenn wir uns nicht an den vorgegebenen Rechenweg halten, den ich nachher Schritt für

Schritt erklären werde, sondern einfach alle Zahlen addieren und dann die Quersumme ermitteln, erhalten wir folgende Zahl: 08.11.1920 = 8+1+1+1+9+2+0 = 22/4 = 22

Unsere Rechenweise ergibt dagegen:

08+11+12 (Jahr 1920 zweistellig = 1+9+2=12) = 31/4

Wie Sie sehen ist die Grundzahl (4) zwar dieselbe, aber die davor stehenden Einflusszahlen sind unterschiedlich. Dies würde natürlich eine andere Deutung ergeben.

Manche Numerologen, welche ebenfalls mit Grund- und Einflusszahlen arbeiten, wenden die einfache Addition als Gegenprobe an, wenn die errechnete Grundzahl eine 2 oder 4 ergibt, um herauszufinden, ob diese eventuell durch eine Meisterzahl ersetzt werden soll. Meisterzahlen sind die 11 und die 22. Diese werden üblicherweise nicht auf ihre Grundzahl (2 oder 4) reduziert, sondern bleiben – eben als Meisterzahl – stehen. Im Fall von Johanna würde die Gegenprobe eine Meisterzahl ergeben, die 22.

Ich selbst mache jedoch keine Gegenproben und ersetze daher auch keine Zahlen, die auf anderem Rechenweg eine Meisterzahl ergeben würden. Meine Erfahrungen haben gezeigt, dass das nicht stimmig für meine Deutungen ist. Jedoch ist hier jeder aufgefordert, seine eigenen Erfahrungen zu machen, und es spricht nichts dagegen, sich zusätzlich auch eine Meisterzahl zu notieren, die in der Gegenprobe auf einfachem Rechenweg entstanden ist. Horchen Sie in solchem Fall in sich hinein, ob diese Zahl in ihrer Bedeutung für Sie eine Rolle spielt.

Noch einmal eine allgemeine Anmerkung zu den Meisterzahlen, die bei Anfängern in der Numerologie machmal falsche Vorstellungen wecken. Ein Sprichwort sagt: »Es ist noch kein Meister vom Himmel gefallen«. Auch die Meisterzahlen fallen niemandem einfach so in den Schoß. Vielmehr führen sie auf einen Weg des Wachstums, der jedoch auch Krisen mit sich bringen kann. Mehr über diese besonderen Zahlen können Sie auf Seite 41 bis 56 noch einmal nachlesen.

Nun wollen wir aber endlich mit dem Rechnen beginnen. Damit Sie sich im nachfolgenden Praxisteil 2 (S. 88) ganz auf das Erlernen der Deutung konzentrieren können, rechnen wir alle Zahlen des Numeroskops hintereinander aus, ohne uns von der Deutungstechnik ablenken zu lassen.

Wir rechnen zunächst gemeinsam das Numeroskop von Johanna aus, danach haben Sie Gelegenheit, sich am Numeroskop von Hansmartin zu üben und Ihr Ergebnis mit meinem zu vergleichen.

Auf der nächsten Seite finden Sie das Alphabet in Zahlen umgerechnet. Diese brauchen wir für die Ausrechnung des Namens. Wir benutzen immer Tabelle 1.

# Das Alphabet in Zahlen

1– Die Umwandlungstabelle, die in diesem Buch benutzt wird:

| 1 | 2 | 3 | 4 | 5 | 6 | 7 | 8 | 9 |
|---|---|---|---|---|---|---|---|---|
| A | B | C | D | E | F | G | H | I |
| J | K | L | M | N | O | P | Q | R |
| S | T | U | V | W | X | Y | Z |   |

Folgendes gilt es dabei zu beachten: Umlaute wie ä, ö und ü werden umgewandelt in ae, oe und ue., das scharfe ß in ss.

2 – Damit Sie den Unterschied sehen und falls Sie damit experimentieren wollen, hier noch die Zahlentabelle aus der kabbalistischen Tradition (nach Cheiro):

| 1 | 2 | 3 | 4 | 5 | 6 | 7 | 8 |
|---|---|---|---|---|---|---|---|
| A | B | C | D | E | U | O | F |
| I | K | G | M | H | V | Z | P |
| J | R | L | T | N | W |   |   |
| Q |   | S |   |   | X |   |   |
| Y |   |   |   |   |   |   |   |

Ein Teil der Kabbala befasst sich mit dem Wissen, wie Orts- und Zeitbegriffe in Zahlen verwandelt werden. Wie schon weiter vorne erklärt, wurde in frühen Zuordnungen der Zahl 9 kein Buchstabe zugewiesen, weil sie nach alten testamentarischen Vorstellungen den »unaussprechlichen neunbuchstabigen Namen Gottes« ausdrückt. Weiterer Grund: Durch Hinzufügen einer 9 wird die Quersumme nicht verändert.

## Die Lebenszahl

Die Lebenszahl spiegelt das Ich, das sich wie eine Sonne entfalten will und zeigt daher die wahre Identität und den Weg, auf dem die Lebensaufgaben erfüllt werden können.

Wir errechnen die Lebenszahl aus der Quersumme des gesamten Geburtsdatums, wobei wir für Tag, Monat und Jahr jeweils die zweistelligen Zahlen verwenden.

Beispiel *Johanna*:
Das Geburtsdatum ist der 08.11.1920.

Wir schreiben die Zahlen von Tag und Monat sowie die zweistellige Quersumme des Jahres untereinander und addieren diese drei Zahlen. Da bei unserem Beispiel der Tag 8 einstellig ist, bleibt er wie er ist und wird nur mit einer 0 vorweg versehen: 08. Der Monat 11 ist zweistellig. Diese Zahl bleibt wie sie ist. Das Jahr 1920 wird vor der Addition auf seine zweistellige Quersumme reduziert: 1+9+2+0=12.

Nun addieren wir diese drei Zahlen des Geburtsdatums und ermitteln aus dem Ergebnis zusätzlich die Grundzahl. Die zweistellige Zahl bleibt so als Einflusszahl stehen und wird von der Grundzahl durch einen Schrägstrich abgetrennt. Sehen wir uns das an:

Johannas Geburtsdatum: 08.11.1920

| | |
|---|---|
| 08 | Tag |
| 11 | Monat |
| 12 | Jahr 1920 zweistellig (1+9+2+0=12) |
| 31 | |

Aus dem Ergebnis 31 noch die Quersumme ermitteln: 3+1=4, und diese Zahl mit einem Querstrich von 31 abtrennen: **31/4**

Johannas Lebenszahl ist also die 31/4.

Diese Zahl wird jetzt in das Formular eingetragen, so wie sie es auf Seite 86 sehen, einmal oben als Rechenweg und unten in die Gesamtergebnisliste.

Wenn Sie möchten, können Sie jetzt die Lebenszahl von unserem zweiten Beispiel *Hansmartin* selbst ausrechnen. Sein Geburtsdatum: 11.11.1919

Im Formular auf Seite 87 können Sie dann Ihr Ergebnis mit meinem vergleichen. Falls Sie vorhaben, auch seine anderen Zahlen selbst auszurechnen, dann wäre es jedoch am Besten, wenn Sie mit dem Vergleich warten, bis Sie alle fünf Lebensthemen ausgerechnet haben.

Noch eine Anmerkung: Bei Geburten ab dem Jahr 2000 bildet das Jahr natürlich keine zweistellige Quersumme, und so ist es möglich dass die Lebenszahl nur aus der Grundzahl besteht und keine Einflusszahlen aufweist. In dem Fall bleibt die Grundzahl alleine stehen. Ein Beispiel: Jemand ist am 03.01.2000 geboren. Die Rechnung lautet daher: 3 (Tag) + 1 (Monat) + 2 (Jahr) = 6. Die Lebenszahl wäre in dem Fall eine klare Grundzahl 6, die nicht von anderen Energien beeinflusst wird.

## Die Motivationszahl

Die Motivationszahl spiegelt den tiefsten inneren Antrieb, das Drängen der Seele, die uns solche Themen bewusst machen will, die unser Leben mit Sinn füllen können. Sie hilft, sich von unbewussten Blockaden zu befreien.

Wir errechnen die Motivationszahl aus dem vollständigen Namen einer Person unter Einbeziehung aller Zusatznamen, so wie sie im Geburtsregister eingetragen wurden. Die Zahl errechnet sich aus den darin enthaltenen Konsonanten. Konsonantenbuchstaben sind: B, C, D, F, G, H, J, K, L, M, N, P, Q, R, S, T, V, W, X, Z.

---

**Achtung:** Die Sonderstellung von Y.

Das Y, das im Deutschen eigentlich zu den Vokalen zählt, wird in der Numerologie je nach Lautgebung entweder als Vokal oder als Konsonant gebraucht.

Immer dann, wenn y wie ein i gesprochen wird beziehungsweise wenn kein anderer Vokal in der Silbe folgt, ist es ein Vokal. Namensbeispiele: Sybille, Yvonne, Ylvie, Sydney

Immer dann, wenn dem Buchstaben ein anderer Vokal folgt, wird y als Konsonant gebraucht. Namensbeispiele: Yussuf, Yago, Yasmin,

---

Rechnen wir jetzt die Motivationszahl für unser Beispiel: *Johanna aus*. Sie ist im Geburtsregister wie folgt eingetragen: Johanna Margareta Mertel.

Wir nehmen uns jeden Namen einzeln vor und benutzen die Umwandlungstabelle 1 von Seite 70, um den Konsonanten Zahlenwerte zu geben. Diese Zahlenwerte werden addiert und das Ergebnis in der Quersumme auf seine Grundzahl reduziert. Ergibt die Addition jedoch eine 11 oder 22, so bleibt diese als Meisterzahl unverändert stehen.

Rufname:

J O H A N N A
1     8       5 5

Die notierten Zahlenwerte für die Konsonanten werden jetzt addiert: 1+8+5+5 = **19**

Da die Zahl 19 keine Meisterzahl ist, wird sie in der Quersumme auf ihre Grundzahl reduziert: 1+9 = 10 = 1+0 = **1**

Die Konsonanten für den Name *Johanna* ergeben daher den Zahlenwert **1**.

Johanna hat bei der Geburt einen zweiten Vornamen bekommen. Dieser Zusatzname lautet: *Margareta*. Rechnen wir nun diesen Zahlenwert aus.

Zusatzname:

| M | A | R | G | A | R | E | T | A |
|---|---|---|---|---|---|---|---|---|
| 4 |   | 9 | 7 |   | 9 |   | 2 |   |

Rechnen wir diese Zahlenwerte zusammen: 4+9+7+9+2 = **31**

Die Zahl 31 ist auch keine Meisterzahl und wird daher auf die Grundzahl reduziert: 3+1= **4**

Folglich haben die Konsonanten im Namen *Margareta* den Zahlenwert **4**

Johanna hat bei der Geburt den Familiennamen *Mertel* bekommen. Rechnen wir auch für diesen die Konsonanten aus.

Familienname:

| M | E | R | T | E | L |
|---|---|---|---|---|---|
| 4 |   | 9 | 2 |   | 3 |

Die addierten Konsonanten ergeben: 4+9+2+3 = **18**

Auch von der 18 muss die Quersumme ermittelt werden, um sie auf die Grundzahl zu reduzieren: 1+8 = **9**

Die Konsonanten des Familiennamens *Mertel* ergeben somit den Zahlenwert **9**.

Im nächsten Schritt werden nun die Zahlen für die Konsonanten von Vorname, Zusatzname(n) und Familienname addiert:

Johanna    1
Margareta  4
Mertel      9
           **14**

Die Zahl 14, die wir aus den im Gesamtnamen enthaltenen Konsonanten errechnet haben, ist nun die Einflusszahl für unsere gesuchte Motivationszahl. Aus dieser müssen wir nun noch die Grundzahl errechnen: 1+4 = **5**

Jetzt haben wir Johannas Motivationszahl: **14/5**

Im dritten Schritt übertragen wir nur noch die einzelnen Konsonantenzahlen, die Addition der daraus ermittelten Grundzahlen und die Kombinationszahl 14/5 in unser Numeroskop-Formular, so wie es auf Seite 86 abgebildet ist.

**Wichtig:** Wenn die errechneten Zahlenwerte für die einzelnen Namen in der Addition eine Zahl ergeben, die als Grundzahl 11 oder 22 ergibt, so wird diese genauso wie alle anderen Grundzahlen zusammen mit den Einflusszahlen notiert und mit Schrägstrich getrennt.

Ein Beispiel: Die Addition aller Namen ergibt die Zahl 29. 2+9 ergibt die Meisterzahl 11. Wir schreiben das als 29/11.

Fassen wir die einzelnen Schritte zur Ermittlung der Motivationszahl noch einmal zusammen:

- Schritt 1 – Für den Vornamen, eventuelle Zusatznamen und den Familiennamen mithilfe der Umwandlungstabelle die Zahlenwerte für die Konsonanten herausschreiben und zwar für jeden Namen gesondert. Danach die Zahlenwerte der einzelnen Namen addieren und in der Quersumme auf ihre Grundzahl reduzieren. Ergibt die Addition eines Namens die Meisterzahl 11 oder 22, so wird diese nicht weiter reduziert, sondern bleibt so stehen.
- Schritt 2 – Die ermittelten Zahlenwerte der einzelnen Namen addieren, was die Einflusszahl ergibt. Die Quersumme dieser Einflusszahl ermitteln, um die Grundzahl zu erhalten. Danach Einflusszahl und Grundzahl durch Querstrich voneinander abtrennen, um die Motivationszahl abzubilden.
- Schritt 3 – Alle Zahlen in das vorbereitete Numeroskop-Formular übertragen.

Zur Übung können Sie jetzt die Motivationszahl von *Hansmartin* ausrechnen und später mit dem komplett ausgefüllten Formular auf Seite 87 vergleichen. Hansmartin ist im Geburtsregister wie folgt eingetragen: Hansmartin Gottfried Weber.

**Die Herzenswunschzahl**

Die Herzenswunschzahl zeigt, was man sich vom Leben erhofft. Sie ist die Zahl der bewussten Wünsche und sie gibt gleichzeitig Hinweise auf Schwächen, die es zu überwinden gilt, um das Wunschziel zu erreichen.

Unter Zuhilfenahme der Umrechnungstabelle von Seite 70 errechnen wir die Herzenswunschzahl aus den Vokalen A, E, I, O, und U. Das Ypsilon (Y) verwenden wir nur dann als Vokal, wenn es wie ein I gesprochen wird beziehungsweise wenn kein anderer Vokal in der Silbe folgt (siehe auch Kasten Seite 73) Beispiele für die Verwendung des Y als Vokal: Sybille, Yvonne, Ylvie, Sydney.

Auch die Vokale errechnen wir für jeden Namen gesondert. Wenn die Summe eines Namens 11 oder 22 ergibt, wird nicht weiter reduziert, jede andere Zahl wird jedoch auf ihre einstellige Grundzahl reduziert.

Rechnen wir wieder für unser Beispiel Johanna die Herzenswunschzahl aus:

Rufname:

J O H A N N A
   6      1           1

Die Vokale addieren: 6+1+1 = **8**
Da wir hier keine zweistellige Zahl erhalten haben, die weiter reduziert werden müsste, haben wir bereits die richtige Endzahl erhalten: **8**

Zusatzname:

M A R G A R E T A
   1        1       5      1

Diese Vokale wieder addieren: 1+1+5+1 = **8**
Auch hier haben wir direkt die Grundzahl erhalten: **8**

Familienname:

M E R T E L
5          5

Die Addition ergibt: 5+5 = **10**
   Diese Zahl muss auf die einstellige Grundzahl reduziert werden: 1+0 = **1**

Im nächsten Schritt addieren wir die Grundzahlen der einzelnen Namen:

Johanna   8
Margareta  8
Mertel     1
            **17**

Die Zahl 17, die wir aus den im Gesamtnamen enthaltenen Vokalen errechnet haben, ist nun die Einflusszahl für unsere gesuchte Herzenswunschzahl. Aus dieser müssen wir nun noch die Grundzahl errechnen: 1+7 = **8**
   Die Herzenswunschzahl von Johanna stellt sich also in ihrer Gesamtheit aus Einflusszahl und Grundzahl so dar: **17/8**
   Die Vokal-Zahlen, ihre Addition und das Endergebnis muss jetzt nur noch in das Numeroskop-Formular übertragen werden, so wie sie es auf Seite 86 sehen können.

Fassen wir die einzelnen Schritte zur Ermittlung der Herzenswunschzahl noch einmal zusammen:
- Schritt 1 – Für den Vornamen sowie eventuelle Zusatznamen und den Familiennamen mithilfe der Umwandlungstabelle die Zahlenwerte für die Vokale

herausschreiben und zwar für jeden Namen gesondert. Danach die Zahlenwerte der einzelnen Namen addieren und – sofern nötig – in der Quersumme auf ihre Grundzahl reduzieren. Ergibt die Addition eines Namens die Meisterzahl 11 oder 22, so wird diese nicht weiter reduziert, sondern bleibt so stehen.

- Schritt 2 – Die ermittelten Zahlenwerte der einzelnen Namens-Vokale addieren, was die Einflusszahl ergibt. Danach die Quersumme dieser Einflusszahl ermitteln, um die Grundzahl zu erhalten. Einflusszahl und Grundzahl durch Querstrich voneinander abtrennen, um die gesamte Motivationszahl abzubilden. Bitte beachten, dass auch eine ermittelte Grundzahl 11 oder 22 mit ihrer zweistelligen Einflusszahl notiert werden muss. Beispiel: Einflusszahl 29, 2+9=11 (wird nicht weiter reduziert, sondern als 29/11 notiert.
- Schritt 3 – Alle Zahlen in das vorbereitete Numeroskop-Formular übertragen.

Zur Übung können Sie jetzt die Herzenswunschzahl von *Hansmartin Gottfried Weber* ausrechnen und später mit dem komplett ausgefüllten Formular auf Seite 87 vergleichen.

Die drei Zahlenkombinationen, die wir bis jetzt ausgerechnet haben: Lebenszahl, Motivationszahl und Herzenswunschzahl, bilden die Basis für weitere Berechnungen. Die Ausdrucks- und Umweltzahl als auch die Machtzahl können nämlich nur dann errechnet werden, wenn diese Zahlen bereits vorliegen.

Spirituell betrachtet bilden diese drei Zahlenkombinationen die Einheit von Körper (Lebenszahl), Seele (Motivationszahl) und Geist (Herzenswunschzahl).

Vielleicht fragen Sie sich jetzt, warum ich die Herzenswunschzahl dem Geist zuordne und die Motivationszahl der Seele? Die Antwort ist einfach! Die Herzenswunschzahl ist bewusstes Wünschen, kann also logisch erfasst werden. Deshalb wird sie dem Geist bzw. dem Intellekt zugeordnet. Bei der Motivationszahl geht es hingegen um den tiefsten inneren Antrieb, um etwas, zu dem es uns – oft unbewusst – hindrängt, also um das Wirken und die Motivation der Seele.

## Die Ausdrucks- und Umweltzahl

Die Ausdrucks- und Umweltzahl spiegelt die unbewussten Erwartungen von Eltern und Umwelt, ihre Vorstellungen, was aus uns werden soll und kann. Sie ist die Zahl, die unsere Wirkung nach außen beschreibt, ein wahrnehmbarer Teil unserer Schwingung – auch geprägt durch anerzogene Muster – und die oft in der Berufswahl eine Rolle spielt.

Errechnet wird die Ausdrucks- und Umweltzahl aus dem Gesamtnamen mit allen numerologischen Werten. Das bedeutet, wir müssen die Motivationszahl und die Herzenswunschzahl addieren. Für die Addition lassen wir jedoch die Grundzahlen außen vor und rechnen mit den (in der Regel) zweistelligen Einflusszahlen.

Schauen wir uns das an unserem Beispiel *Johanna* an: Johanna hat die Motivationszahl 14/5 und die Herzenswunschzahl 17/8. In der Addition ergibt das:

| | |
|---|---:|
| Motivationszahl (zweistellige Einflusszahl) | 14 |
| Herzenswunschzahl (zweistellige Einflusszahl) | 17 |
| | **31** |

Die durch Addition ermittelte Zahl wird jetzt noch in der Quersumme auf ihre Grundzahl reduziert: 3+1 = **4**
Johannas Ausdrucks- und Umweltzahl lautet also: **31/4**
Diese Zahlenkombination tragen wir im unteren Kasten unseres Numeroskop-Formulars ein (siehe Seite 86).

Wie immer auch hier darauf achten, dass ein Ergebnis 11 oder 22 nicht weiter reduziert wird, sondern stehen bleibt. Ein Beispiel:
Motivationszahl 14/5 und Herzenswunschzahl 24/6.
14+24 = 38
3+8 =11 entspricht 38/11

Ein Sonderfall kann vorliegen, wenn entweder Motivationszahl oder Herzenswunschzahl aus einer einstelligen Grundzahl besteht und dadurch in der Addition beider Grundzahlen eine 11 herauskommt, die ja stehenbleibt. Wir behandeln dann die einstellige Grundzahl als eine sich ausschließlich selbst beeinflussende Zahl, und rechnen sie jeweils in die Einflusszahl ein als auch in die Grundzahl.
Ein Beispiel:
Motivationszahl 12/3 und Herzenswunschzahl 8.
Zweistellige Wertermittlung: 12+08 = 20
Addition der Grundzahlen: 3+8 = 11
Wir erhalten so die Ausdrucks- und Umweltzahl: 20/11

Wie schon zuvor bei den anderen Themen können Sie jetzt auch hier zur Übung die Ausdrucks- und Umweltzahl von Hansmartin Gottfried Weber aurechnen. Vergleichen Sie diese dann später mit den Zahlen auf dem Numeroskop-Formular von Seite 87.

**Die Machtzahl**

Die Machtzahl ist die Summe aus dem Geburtsdatum (Lebenszahl) und dem gesamten Namen (Ausdrucks- und Umweltzahl). Sie zeigt angeborene Fähigkeiten und Stärken, die bewusst genutzt werden sollen, um zu einem erfüllten Leben zu finden und um sich seinen Seelenfrieden zu bewahren.
Errechnen wir diese Zahl für Johanna: Johanna hat die Lebenszahl 31/4 und die gleichlautende Ausdrucks- und Umweltzahl 31/4.

| | |
|---|---:|
| Lebenszahl (zweistellige Einflusszahl) | 31 |
| Ausdrucks- und Umweltzahl (zweistellige Einflusszahl) | 31 |
| | **62** |

Aus der errechneten Zahl 62 ermitteln wir die Quersumme: 6+2 = **8**

Johannas Machtzahl ist also die **62/8**

Diese müssen wir nur noch in das Numeroskop-Formular übertragen (Seite 86), fertig!

Bei der Errechnung der Machtzahl muss natürlich wie bei allen Ausrechnungen darauf geachtet werden, ob die Grundzahl eine 11 oder 22 ergibt, die nicht weiter reduziert wird. Nochmal zwei Beispiele:

Die Summe aus der zweistelligen Lebenszahl 32 und der zweistelligen Ausdrucks- und Umweltzahl 33 ergibt **65**.
6+5 = **11**
Die Machtzahl ist daher eine **65/11**

Die Summe aus der zweistelligen Lebenszahl 12 sowie der zweistelligen Ausdrucks- und Umweltzahl 10 ergibt **22**. Diese Machtzahl bleibt als reine Meisterzahl stehen.

**Wichtige Regel:** Bei der Ermittlung der Machtzahl kann es vorkommen, dass die Addition von Lebenszahl und Ausdrucks- und Umweltzahl eine Summe ergibt, die höher als 100 ist, also dreistellig. In diesem Fall werden nur die beiden letzten Ziffern übernommen und daraus die Grundzahl errechnet. Ein Beispiel:
Lebenszahl = 54, Ausdrucks- und Umweltzahl = 69
54+69 = **123**
Jetzt fällt die 100 weg = **23**
2+3 = **5**
Die Machtzahl ist in diesem Fall: **23/5**

Bevor wir uns nun zum Abschluss noch der Lernaufgabenzahl zuwenden, können Sie hier wieder die Machtzahl für Hansmartin Gottfried Weber ausrechnen, um sie nachher auf S. 87 mit den Zahlen seines Numeroskop-Formulars zu vergleichen.

### Die Lernaufgabenzahl

Nicht jeder Mensch, für den wir ein Numeroskop ausrechnen, hat auch eine Lernaufgabenzahl. Es kann also sein, dass eine solche einfach flach fällt. Aber keine Angst! Die anderen Zahlen, die wir bereits errechnet haben, bieten auch Lernpotential, Sie gehen in solchem Fall also nicht leer aus. Wer jedoch in seinem Numeroskop eine oder sogar mehrere Lernaufgabenzahlen hat, tut gut daran, sich mit diesen Energien zu beschäftigen, denn sie sind zum Ausgleich notwendig.

Um die Lernaufgabenzahl zu ermitteln, brauchen wir alle bereits errechneten Zahlen. Diese werden auf fehlende Zahlen hin untersucht. Jede Zahl von 1 bis 9, die in den fünf Zahlenkombinationen nicht vertreten ist, ist eine Lernaufgabenzahl.

Schauen wir uns das bei unserem Beispiel Johanna an:
Für Johanna haben wir folgende Zahlen errechnet:
- Lebenszahl 31/4
- Motivationszahl 14/5
- Herzenswunschzahl 17/8
- Ausdrucks- und Umweltzahl 31/4
- Machtzahl 62/8

Diese Zahlenkombinationen zählen wir jetzt durch, um zu sehen ob die 1 enthalten ist, die 2, die 3 und so weiter bis 9.

Johanna hat die 1 in der Lebenszahl, der Motivationszahl, der Herzenswunschzahl sowie in der Umweltzahl.

Die Zahl 2 ist in der Machtzahl enthalten.

Die Zahl 3 finden wir in der Lebenszahl sowie in der Ausdrucks- und Umweltzahl.

Die Zahl 4 ist in der Lebenszahl, der Motivationszahl sowie in der Ausdrucks- und Umweltzahl enthalten.

Die Zahl 5 ist in der Motivationszahl enthalten.

Die Zahl 6 sehen wir in der Machtzahl.

Die Zahl 7 steckt in der Herzenswunschzahl.

Die Zahl 8 ist in der Herzenswunschzahl und in der Machtzahl enthalten.

Die Zahl 9 finden wir in keiner der fünf Zahlenkombinationen.

Die Analyse von Johannas Zahlen zeigt uns daher, dass sie eine Lernaufgabenzahl hat. Es ist die Zahl **9**.

Diese Zahl **9** tragen wir jetzt noch in der unteren Hälfte von Johannas Numeroskop ein (Seite 86), das damit vollständig ausgefüllt ist, sodass wir es als Grundlage für die Deutung nehmen können.

Da immer nur eine Grundzahl von 1 bis 9 Lernaufgabenzahl sein kann, stellt sich die Frage, wie wir mit eventuell in den Zahlenkombinationen vorhandenen Meisterzahlen 11 oder 22 umgehen. Können wir diese als 1 oder 2 betrachten? Nein! Eine 11 ist eine 11 und eine 22 ist eine 22. Es sind weder doppelte Einsen noch doppelte Zweier, sondern Energien, die durch das Mehrfache ihrer Potenz eigene (Wandlungs)-Themen beinhalten und sich somit von der Grundidee ihres einfachen Zahlenwerts abheben.

Wenn in den Zahlenkombinationen eine 11 enthalten ist, die normale 1 aber fehlt, dann ist die 1 Lernaufgabenzahl. Sie wird in diesem Fall jedoch weniger die Entwicklung der Einser-Fähigkeiten fordern sondernd eher einen anderen Umgang damit.

Genauso verhält es sich bei der 22. Wenn außer der 22 keine 2 vorhanden ist, dann ist 2 eine Lernaufgabenzahl. Auch hier geht es dann weniger um die sinnvolle Entwicklung von Zweier-Fähigkeiten, sondern eher um einen anderen Umgang damit.

**Merke:** Die Zahl 11 in einer Zahlenkombination zählt nicht als 1 und die Zahl 22 nicht als 2. Trotz des Vorhandenseins dieser Meisterzahlen kann die Zahl 1 oder 2 Lernaufgabe sein. Sie ist immer dann eine Lernaufgabenzahl, wenn in den restlichen Zahlenkombinationen ohne Meisterzahl die 1 oder die 2 fehlt.

Alle Zahlen von Johanna sehen Sie im Numeroskop-Formular auf der nächsten Seite. Wir werden es für die nachfolgende Deutung heranziehen. Falls Sie alle Zahlen für Hansmartin selbst ausgerechnet haben, können sie diese nun mit dem Formular auf der übernächsten Seite vergleichen.

**Auswertung für:** Johanna

**Geburtsdatum: 08.11.1920**

| Tag | 0 | 8 | | |
|---|---|---|---|---|
| Monat | 1 | 1 | | |
| Jahr (zweistellige Zahl) | 1 | 2 | | |
| **Lebenszahl** | **3** | **1** | **/** | **4** |

*Name, wie er im Geburtsregister steht*

J O H A N N A   M A R G A R E T A   M E R T E L

*Konsonanten*

1   8   5 5       4   9 7   9   2       4   9 2   3

*Vokale*

  6   1     1     1     1   5   1     5     5

| Konsonanten | | | |
|---|---|---|---|
| Vorname: | 1 | | |
| Zusatzname: | 4 | | |
| Zusatzname: | | | |
| Zusatzname: | | | |
| Familienname | 9 | | |
| **Motivationszahl** | **1** | **4** / **5** | |

| Vokale | | | |
|---|---|---|---|
| Vorname: | 8 | | |
| Zusatzname: | 8 | | |
| Zusatzname: | | | |
| Zusatzname: | | | |
| Familienname | 1 | | |
| **Herzenswunschzahl** | **1** | **7** / | **8** |

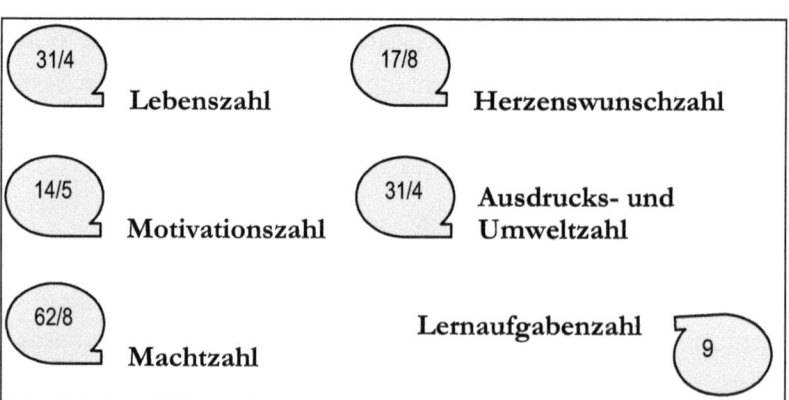

- 31/4 — **Lebenszahl**
- 17/8 — **Herzenswunschzahl**
- 14/5 — **Motivationszahl**
- 31/4 — **Ausdrucks- und Umweltzahl**
- 62/8 — **Machtzahl**
- **Lernaufgabenzahl** — 9

**Auswertung für:** Hansmartin

**Geburtsdatum: 11.11.1919**

| | | |
|---|---|---|
| Tag | 1 | 1 |
| Monat | 1 | 1 |
| Jahr (zweistellige Zahl) | 2 | 0 |
| **Lebenszahl** | 4 | 2 / 6 |

*Name, wie er im Geburtsregister steht*

H A N S M A R T I N   G O T T F R I E D   W E B E R

*Konsonanten*

8  5 1 4  9 2  5  7  2 2 6 9   4  5  2  9

*Vokale*

   1       1     9       6          9 5      5  5

**Konsonanten**

| | |
|---|---|
| Vorname: | 7 |
| Zusatzname: | 3 |
| Zusatzname: | |
| Zusatzname: | |
| Familienname | 7 |
| **Motivationszahl** | 1 7 / 8 |

**Vokale**

| | |
|---|---|
| Vorname: | 1 1 |
| Zusatzname: | 2 |
| Zusatzname: | |
| Zusatzname: | |
| Familienname | 1 |
| **Herzenswunschzahl** | 1 4 / 5 |

42/6 Lebenszahl

14/5 Herzenswunschzahl

17/8 Motivationszahl

31/4 Ausdrucks- und Umweltzahl

73/1 Machtzahl

Lernaufgabenzahl 9

## Praxisteil 2 — Die Deutung persönlicher Zahlen

Da wir uns jetzt mit der Deutung des Numeroskops vertraut machen, legen Sie sich am besten ein Lesezeichen zwischen Seite 86 und 87, damit sie immer schnell den Überblick über die Numeroskope von unseren Beispielen Johanna und Hansmartin haben und nicht suchen müssen, wenn Sie etwas nachprüfen wollen.

Da ein Numeroskop mehr ist als die Summe seiner Teile, werden wir bei der Deutung einzelner Zahlenkombinationen für den entsprechenden Lebensbereich immer auch das Ganze im Blick behalten und Offensichtliches zueinander in Beziehung setzen. Auf diese Weise erlernen Sie die ganzheitliche Deutung eines Numeroskops unter Beachtung seiner Wechselwirkungen.

Das Numeroskop von Hansmartin steht Ihnen für Ihre eigenen Deutungsübungen zur Verfügung, die Sie dann mit meiner Deutung vergleichen können.

### Deutung von Vorname, Zusatzname und Familienname

Jeder Name hat eine Melodie, die sich aus verschiedenen Klängen zusammensetzt und als Schwingung wahrnehmbar wird. Vorname, Zusatzname(n) und Familienname haben dabei jeweils eine eigene Melodie und eine eigene Bedeutung für uns.

- Der Vorname entspricht der individuellen Seite, er ist persönlich und dient unserer Identifikation. Die darin enthaltenen Zahlen sind ein persönlicher Schatz, der uns zur Verfügung steht, um unser Leben zu meistern.

- Der Mittelname beziehungweise die Zusatznamen sind unsere Reserve, eine Quelle voll mit Energien, aus der man bei Bedarf schöpfen kann.
- Der Familienname zeigt die ererbten Merkmale der Familie.

Schauen wir uns die einzelnen Zahlen in Johannas Namen an: Die Konsonanten ihres Vornamens haben die Zahlenschwingungen von 1, 8 und zweimal die 5. Den Vokale entsprechen den Zahlen 6 und zweimal die 1.

Insgesamt ist im Vornamen *Johanna* also drei Mal die 1 enthalten, zweimal die 5 und je ein Mal 8 und 6. Stärkste Kaft (mengenmäßig gezählt) ist 1, gefolgt von 5.

Die starke 1 gibt Johanna die Fähigkeit, Eigeninitiative zu entwickeln, um aus eigener Kraft heraus Ziele zu erreichen. Damit einhergehend hat sie eine gute Portion Durchsetzungskraft und Ehrgeiz (1), um es im Leben zu etwas zu bringen (1 Mal die 8).

Die Zahl 5 als zweitstärkste Kraft schenkt Johanna Flexibilität sowie Abenteuerlust und macht sie vielseitig interessiert.

Beide Zahlen, die 1 als auch die 5 sind aktiv-männliche Zahlen, die gegenüber den passiv-weiblichen Zahlen 6 und 8, die jeweils nur ein Mal vertreten sind, dominieren. Dies gibt ihr Kraft ihres Vornamens die Möglichkeit, vor allem in Zeiten des Umbruchs (5) sich aktiv (1) den Veränderungen (5) zu stellen und neu anzufangen (1). Die Zahl 6 sorgt dafür, dass sie andere dabei nicht aus dem Blick verliert, denn sie schenkt ihr Pflichtgefühl und Familiensinn.

Da wir unsere Namen von den Eltern bekommen haben, spiegeln diese natürlich auch das Wunschbild, das die Eltern von uns haben. Vielleicht hat Johanna daher als Kind öfter mal den Spruch gehört:»Du bist schon groß, du kannst das alleine« (1), aber es steht auch zu vermuten, dass stets genug Pflaster im Haus sein mussten, weil Johanna sicher des öfteren mit blutenden Schrammen heimkam, weil sie in ihrer Wirbelwind-Mentalität wieder einmal zu voreilig und zu schnell war.

Wenn wir nun die fünf Themen mit ihren Zahlenkombinationen betrachten, dann fällt auf, dass in Johannas Lebenszahl (31/4), in der Motivationszahl (14/5), in der Herzenswunschzahl (17/8) und in der Ausdrucks- und Umweltzahl (31/4) jeweils eine 1 enthalten ist. Johannas Ich-Verständnis (1) spielt also immer wieder eine wesentliche Rolle in ihrem Leben.

In Johannas Zusatzname *Margareta* sehen wir wieder drei Mal die 1 und ein Mal die 5. Neu dazu kommen zwei Mal die 9 und je ein Mal die Zahlen 4, 7 und 2.

Bei Bedarf kann Johanna also auch aus ihrem Zusatznamen Energie und Lebenskraft (1) für sich herausholen, was ihr hilft, auch schwierige Zeiten zu überstehen und das Beste daraus zu machen.

Hinzu kommt jetzt aber auch die Arbeitszahl 4, die Lernzahl 7 und die Gefühlszahl 2. Mit der 4 kann Johanna Bodenhaftung gewinnen, wenn sie fleißig arbeitet und spart, um ihren Lebensunterhalt zu sichern. Die 7 steht dazu jedoch im Gegensatz, denn es ist die Zahl des Rückzugs in die geistigen Gefilde, in denen geforscht und gegrübelt wird, um Zusammenhänge zu verstehen. Um beide Seiten nutzen zu können, braucht Johanna die Eigeninitiative der 1. Das Gespür der 2 hilft dabei, zu entscheiden, wann die praktische Arbeit im Vordergrund stehen muss und wann es Zeit ist, sich im persönlichen und spirituellen Interessensgebiet weiterzubilden.

Die Zahl 9 ist im Zusatznamen zweimal vertreten. Sie kann dafür sorgen, dass Johanna angefangene Dinge zu Ende bringt und Vertrauen ins Leben entwickelt. Interessant ist hierbei, das diese Zahl für Johanna auch die Lernaufgabenzahl ist, die besonderer Aufmersamkeit bedarf.

Die stark betonte 1 in Vornamen und Zusatznamen will die Dinge selbst anpacken und steuern, um unabhängig zu bleiben. Die 9 jedoch lässt sich am besten mit dem bekannten Spruch charakterisieren: »Sie säen nicht, sie ernten nicht und der liebe Gott ernährt sie doch.«, was im Negativen auch als Abhängigkeit gedeutet werden kann.

Man kann sich vorstellen, dass es der 1 nicht gerade leicht fällt, zuzuschauen, wie das Leben zu manchen Zeiten eine eigene Entwicklung nimmt. Und dennoch ist auch das Geschehen-lassen-können (9) notwendig, damit die eigenen Kräfte (1) nicht sinnlos verausgabt werden und vor der Zeit auslaugen. Man kann nicht immer alles steuern (1) und braucht dann das Vertrauen, dass sich die Dinge trotzdem zum eigenen Besten entwickeln (9).

Man könnte Johanna in diesem Zusammenhang fragen, wie leicht es ihr fällt, loszulassen und wie es um ihr Vertrauen bestellt ist (9). Welche Vorbilder hatte sie in der Kindheit? Hat sie den Zweitnamen von jemandem aus der Familie »geerbt«, und wenn ja, wie wurde diese Person wahrgenommen in Bezug auf Vertrauen, Mitgefühl und Selbstlosigkeit? Falls Johanna mit dem Ausdruck der Zahl 9 aufgrund von Kindheits- und Jugenderfahrungen Probleme hat, kann sie die Zahl 6 aus ihrem Vornamen und die 7 aus dem Zusatznamen nutzen, um Ahnenforschung zu betreiben, was zu einem besseren Verständnis führen könnte.

In Johannas Familiennamen steckt zwei Mal die Zahl 5 und je einmal die Zahlen 4, 9, 2 und 3. Diese Zahlen sind Johannas Familienerbe, also das, was innerhalb der Familienstruktur und in der Beziehung von Eltern und Kind eine feste Größe ist, die entweder Halt geben kann oder für Konfliktstoff sorgt.

In Johannas Familiennamen ist die 5 betont, was auf die Fähigkeit hindeutet, flexibel auf äußere Umstände reagieren zu können, sowie auf eine Familie, in der die freie Entfaltung des Einzelnen eine Rolle spielt und für die Freiraum wichtig ist. Da in Johannas Vornamen auch zweimal die 5 vertreten ist, kam sie damit sicher gut zurecht.

Die 1, die in Johannas Vornamen so stark betont ist, kommt im Familiennamen jedoch nicht vor. Dafür ist die 2 enthalten, die mäßigend auf allzu temperamentvolle Durchsetzungsversuche einwirken kann.

Johanna kam als ältestes von fünf Geschwistern zur Welt. Das Selbstbewusstsein der betonten 1 in ihrem Vornamen kam ihr da sicher zugute, um sich ihren Platz im Familiengefüge zu erhalten. Mit der 2 des Familiennamens (und des Zusatznamens) musste sie jedoch lernen, zu teilen.

Auch die Zahl 4 ist im Familiennamen enthalten, was darauf hindeutet, dass von den Eltern auch eine gewisse Disziplin vermittelt wurde. Man könnte hier fragen, wie streng sie die Eltern empfunden hat und welche Auswirkungen das auf ihr Erwachsenenleben hatte.

Die Zahl 3 ist ausschließlich im Familiennamen enthalten, was darauf hindeutet, dass in Johannas Kindheit und Jugend auch darauf geachtet wurde, welchen Umgang sie pflegte und welches Benehmen sie zeigte. Vielleicht hat sie manchmal Sprüche wie diese zu hören bekommen: »Benimm dich!«, »Man muss freundlich zu anderen sein!«, »Was sollen denn die Leute von dir denken?«

Innerhalb der fünf Zahlenkombinationen finden wir die 3 in der Lebenszahl als auch in der Ausdrucks- und Umweltzahl, und zwar an prägender Stelle. Sie ist daher ein wichtiger Teil von Johannas Familienerbe, das sie ein ganzes Leben lang begleitet.

Auch die 9 ist im Familiennamen enthalten, und da dies auch die Lernaufgabenzahl ist, weist sie darauf hin, dass es darum geht, Bescheidenheit, Mitgefühl und Vertrauen bewusst in die Persönlichkeit (die Zahl fehlt im Vornamen) zu integrieren.

**Übungsaufgabe 1**

Wenn Sie wollen, können Sie jetzt die Namenszahlen von Hansmartin deuten. Nehmen Sie sich dazu die Beschreibung der Grundzahlen von Seite 21 bis 39 zuhilfe. Auf der nächsten Seite können Sie Ihre Deutung mit meiner vergleichen.

**Überblick: Die Vorgehensweise bei der Namensdeutung**

1. Den Vornamen als individuelle Seite der Persönlichkeit deuten. Sind bestimmte Zahlen betont, sodass ein Schwerpunkt entsteht? Was fällt auf beim Vergleich mit den fünf errechneten Zahlenkombinationen und im Vergleich mit der eventuell vorhandenen Lernaufgabenzahl?
2. Den oder die Zusatznamen als weitere Energiequelle deuten. Was kommt hinzu, das im Vornamen nicht enthalten ist? Spiegeln sich hinzukommende Zahlen in den fünf errechneten Zahlenkombis?
3. Den Familiennamen als Erbe der Eltern bzw. der Vorfahren deuten. Was fällt auf im Vergleich zum

Vornamen. Spielen die Zahlen eine Rolle in den Themen der Zahlenkombinationen?
4. Wird eine eventuell vorhandene Lernaufgabenzahl durch die Deutung der Namen differenziert?

In vielen Fällen werden in den Namen alle Zahlen von 1 bis 9 enthalten sein, als Hinweis, dass alles in uns angelegt ist und nur entwickelt werden muss. Wichtig ist dann die Gewichtung innerhalb der einzelnen Namen.

**Vergleichen Sie Ihre Deutung von Übungsaufgabe 1**

Die Namenszahlen von Hansmartin:
Hansmartin wurde als zweitältester von fünf Geschwistern geboren. In seinem Vornamen finden wir dreimal die 1, je zweimal die 5 und die 9 und dazu je einmal die Zahlen 8, 4 und 2. Mit der starken 1 hat er die Fähigkeit, Initiative zu ergreifen und sich durchzusetzen. Da aber die 9 ebenfalls betont ist, agiert er vielleicht lieber aus dem Hintergrund heraus und mag sich nicht so gern ins Rampenlicht stellen.

Die Zahl 5 ist ebenfalls zweifach vorhanden. Er braucht also Freiraum und Abwechslung und kann sich schnell auf veränderte Situationen einstellen.

Alle drei Zahlen finden wir in seinem Numeroskop auch im Kasten mit den Zahlenkombinationen, wobei hier das Augenmerk auf der 1 liegt, die in der Machtzahl 73/1 die Grundenergie vorgibt. Das bedeutet, dass Hansmartin die richtige Selbstdarstellung und Durchsetzung üben muss. Latent ist diese Fähigkeit in seinem Vornamen reichlich vorhanden, aber er muss sich dessen bewusst werden und ein wenig daran arbeiten, damit sie ihren vollen Nutzen entfalten kann. Wenn wir fragen, woran es denn hapern könnte, dann finden wir die Antwort wieder in der Machtzahl, die auch eine 3 enthält. Im gesamten Namen von Hansmartin kommt diese Zahl nicht vor. Er muss also lernen, sich klar auszudrücken und den Mund aufzumachen, wenn er wichtige persönliche Ziele erreichen will.

Wie Johanna hat Hansmartin eine 8 im Vornamen, mit der er etwas erreichen und bewirken kann. Jedoch ist hier auch eine 4 im Namen, die ihn zu harter Arbeit befähigt, ihm diese aber auch auferlegt. Beide zusammen ergeben die Chance, sich aus kleinen Anfängen heraus im Leben etwas aufzubauen.

Auch die 2 ist in Hansmartins Vornamen enthalten. Dadurch trägt er auch eine emotionale, weiche Seite in sich.

Im Zusatznamen finden wir wieder zweimal die 9, dazu je zweimal die 2 und 6 sowie je einmal die 7, 5 und 4.
Neu hinzu kommen die Zahlen 6 und 7, wobei die 6 doppelt betont ist. Im Bedarfsfall kann Hansmartin daher auch sehr pflichtbewusst und häuslich sein (im Gegensatz zur freiheitsliebenden 5 seines Vornamens). Die 6 spielt auch in seiner Lebenszahl eine große Rolle, ebenso wie die im Zusatznamen doppelt betonte 2, welche der emotionalen und kooperativen Seite von Hansmartin noch einmal Gewicht verleiht. Da die Lebenszahl das Ich-Gefühl, den Ausdruck und die Bedürfnisse einer Person spiegeln, entsteht hier fast der Eindruck, als ob der Zweitname für Hansmartins Identität eine größere Rolle spielt als der Rufname. Man könnte Hansmartin daher fragen, wie es um das Verhältnis von Selbstdurchsetzung (1) und Rücksichtnahme (2) in seinem Leben bestellt ist.

Mit der 7 im Zusatznamen kann Hansmarrtin auf intellektuelle Möglichkeiten zurückgreifen, denn sie gibt ihm die Fähigkeit, auch einmal mit sich selbst allein sein zu können und Dinge zu hinterfragen.

Die 5 und 4 im Zusatznamen geben bei Bedarf noch einmal Energie, um Disziplin (4) und Freiheit (5) zu leben, vielleicht sogar in der Wahl einer beruflichen Selbstständigkeit, wie es die Herzenswunschzahl andeutet.

In Hansmartins Familiennamen sehen wir dreimal die 5 und je einmal die 2 und die 9. Die stark betonte 5 deutet auf eine Familienstruktur, in der Veränderungen und Flexibilität zum Leben gehören. Vielleicht ist Hansmartin als Kind mit der Familie öfter umgezogen, sodass er sich immer wieder auf neue Situationen einstellen musste. Vielleicht hatten die Eltern auch wenig Zeit für ihre Kinder und verlangten daher von Hansmartin frühe Selbstständigkeit (betonte 1 im Vornamen).

Da die Zahl 9 in allen Namen und auch im Familiennamen enthalten ist, stellt sich die Frage, ob diese in der Kindheit in Form von Verlust und Verzicht erlebt wurde. Vielleicht hat sich Hansmartin unbewusst vorgenommen, ein solches Familienthema zu beenden. Die Lernaufgabenzahl ist ja auch die 9. Dies könnte darauf hindeuten, dass es letztendlich darum geht, Dinge auf allen Ebenen abschließen zu können, um mit neuem Vertrauen vorwärts zu gehen.

Auch die 2 tritt im Familiennamen noch einmal auf. Da diese auch ein Bild für die Mutter ist, könnte diese entweder als familiär dominierend oder als ruhender Pol empfunden worden sein.

Falls Sie jetzt bei ihrer eigenen Deutung von Hansmartins Zahlen andere Stichworte benutzt haben als ich, so ist das in Ordnung, solange Sie innerhalb des Zahlenthemas geblieben sind. Eine Deutung greift immer das heraus, was auffällt, und das bildet die Grundlage für ein Gespräch mit dem Numeroskopeigener.

## Die Bedeutung der Zahlen auf ihren Plätzen

Was die Kombinationszahlen auf ihren Plätzen aussagen, haben Sie bei der Berechnung bereits erfahren. Hier wollen wir diese aber noch einmal etwas ausführlicher betrachten.

*Lebenszahl*
Die Lebenszahl errechnet sich aus dem gesamten Geburtsdatum. Sie spiegelt das wahre Wesen einer Person, ihren Charakter beziehungsweise ihre Identität. Die Zahlenkombination der Lebenszahl sagt etwas darüber aus, wer wir sind und was wir im tiefsten Inneren wollen. Sie lässt erkennen, was wir brauchen, um unseren Lebensweg erfolgreich gehen zu können und uns in in unserer Haut wohlzufühlen.

Während die Ausdrucks- und Umweltzahl das zeigt, was andere in uns sehen (wollen), spiegelt die Lebenzahl die Person, als die wir wirklich angelegt sind. Es ist die Zahl der bewussten Entscheidung für einen Weg, den uns die Selbstachtung vorschreibt, damit wir uns auch in schwierigen Zeiten treu bleiben und unseren Seelenauftrag erfüllen können.

Die Lebenszahl drückt daher aus: »Ich bin ...«

*Motivationszahl*
Die Motivationszahl errechnet sich aus den Konsonanten von Vorname, Zusatzname(n) und Familienname. Sie zeigt das,

was uns – zuerst unbewusst – antreibt und was uns gemäß unseres Seelenauftrags echte Erfüllung geben kann. Wenn wir uns die Themen dieser Kombinationszahl bewusst machen und sie verwirklichen, hilft das, uns von alten Blockaden zu befreien und wahre Lebendigkeit zu erleben. So zeigt die Motivatioszahl diejenigen Träume, die im Lauf des Lebens entweder beruflich oder privat verwirklicht werden können, sofern man seinem inneren Drängen folgt.

Die Motivationszahl drückt daher aus: »Meine Seele drängt mich zu ...«

*Herzenswunschzahl*
Die Herzenswunschzahl errechnet sich aus den Vokalen des gesamten Namens und zeigt die bewussten Wünsche eines Menschen. Es ist das, was er sich von Kindesbeinen an vom Leben erhofft und von dem er sich Glück verspricht.

Jetzt ist das Wünschen aber so eine Sache, es erfüllt sich nichts ohne zielführendes Handeln. Wer sich zum Beispiel eine glückliche Partnerschaft wünscht, muss den zu ihm passenden Partner wählen und geduldig warten, bis er ihm begegnet. Wenn er sich jedoch nur vom Wunsch getrieben, wahllos in eine Partnerschaft stürzt, wird er dieses Glück nicht finden. Daher zeigt diese Zahl auch die Schwächen, die der Erfüllung unseres Herzenswunschs im Wege stehen.

In der Stärke ist die Schwäche verborgen und in der Schwäche die Stärke. Dies zeigt sich besonders an der Zahlenkombination der Herzenswunschzahl. Unser Wunsch kann sich deshalb nur dann erfüllen, wenn wir die darin enthaltenen Schwachpunkte überwinden.

Die Herzenswunschzahl sagt: Ich möchte...
Ob sich der Wunsch erfüllt, hängt von uns selbst ab.

*Ausdrucks- und Umweltzahl*
Die Ausdrucks- und Umweltzahl errechnet sich aus allen Zahlenwerten der Buchstaben von Vorname, Zusatzname(n) und Familienname. Sie zeigt unsere Wirkung nach außen, also das, was andere in uns sehen, auch aufgrund anerzogener Muster.

Da wir den Namen nicht selbst ausgesucht, sondern von den Eltern bekommen haben, spiegelt sich in der Ausdrucks- und Umweltzahl auch deren unbewusster Wunsch, was aus uns werden sollte. Dieses Wunschbild stimmt jedoch nur selten mit der tatsächlichen Realität einer Person überein, da die wahre Identität sowie die Selbstwahrnehmung in der Lebenszahl enthalten ist, die ein völlig anderes Bild der Persönlichkeit zeichnen kann.

Dennoch ist die Ausdrucks- und Umweltzahl auch eine Talentzahl, denn sie zeigt Fähigkeiten, die wir nutzen können, um uns in die Gesellschaft, in der wir leben, zu integrieren. Sie hilft, sich innerhalb einer Gemeinschaft anzupassen, denn wenn wir wollen, dann können wir das!

Bei der Ausdrucks- und Umweltzahl ist es aber wichtig, die Lebenszahl nicht außer Acht zu lassen. Wer nur das Bild lebt, das andere von ihm haben (sollen), wird früher oder später in eine Lebenskrise fallen, weil er wichtige Teile von sich unterdrückt. Daher sollten wir uns die Unterschiede zwischen der Lebenszahl und der Ausdrucks- und Umweltzahl bewusst machen, damit wir entscheiden können, welche Reaktion auf eine bestimmte Situation angemessen ist.

Die Ausdrucks- und Umweltzahl drückt aus: »Ich kann, wenn ich will ...« und »Andere sehen in mir ...«

Wenn die Lebenszahl mit der Ausdrucks- und Umweltzahl identisch ist, wird das als Ideal betrachtet, weil eine Person dann so wahrgenommen werden kann, wie sie ist.

Wer auf der Suche nach einem Namen für sein ungeborenes Kind ist, kann dies mithilfe einer Liste von rechnerisch abgestimmten Zweitnamen erreichen, die man für die Tage um den wahrscheinlichen Geburtstermin herum erstellt.

Es wäre aber eine Illusion, zu glauben, dass man damit dem Kind alle Hindernisse aus dem Weg räumt. Dem ist natürlich nicht so.

Jedes Leben hat seine Herausforderungen, und jede Seele will etwas aus diesem Leben lernen. Wer aber die Zahlen seines Kindes kennt, hat unabhäng davon, ob die Lebenszahl mit der Ausdrucks- und Umweltzahl übereinstimmt oder nicht, eine gute Möglichkeit, es in seiner individuellen Entfaltung zu unterstützen.

*Machtzahl*
Die Machtzahl errechnet sich aus dem Geburtstag und dem vollständigen Namen. Die so errechnete Zahlenkombination symbolisiert angeborene Stärken und Fähigkeiten, auf die man zurückgreifen kann und soll, und die helfen, das Lebensziel zu erreichen. Daher beantwortet diese Zahlenkombination auch die Frage, warum wir hier sind, denn mit diesen Zahlen können wir unseren Beitrag für das große Ganze leisten.

Jeder Mensch hat etwas zu geben. Was das ist, sehen wir an der Machtzahl.

Macht leitet sich aus der Fähigkeit ab, etwas zu können und zu tun. Die Machtzahl nimmt uns deshalb in die moralische und soziale Pflicht, ist sozusagen eine Verhaltensregel, die unserem persönlichen Leben Substanz gibt. Wenn wir uns diesen Zahlenthemen verweigern, kann das zu Krisen führen. Nehmen wir diese jedoch bewusst an, so werden sie zur Kraftquelle, die uns durchs Leben trägt. Man kann diese

Zahlenkombination daher als einen Weg betrachten, den man bewusst gehen soll, um seinen Seelenfrieden zu finden beziehungsweise zu bewahren.

Die Kurzformel für die Machtzahl lautet: Meine Kraftquelle und ein erfülltes Leben finde ich, wenn ich mich diesem Weg verpflichte...

**Die Deutung der Kombinationszahlen**

Bevor wir uns nun der Deutung der fünf Kombinationszahlen zuwenden, brauchen wir noch ein wenig Theorie.

Wir haben jeweils drei Zahlen, die wir in ihrem Zusammenspiel deuten — Beispiel: Johannas Lebenszahl ist die 31/4.

Die zwei Zahlen vor dem Schrägstrich sind Einflusszahlen, die Zahl nach dem Schrägstrich ist die Grundzahl.

Von den zwei Einflusszahlen ist die erste die Haupteinflusszahl, die zweite die Nebeneinflusszahl. Diese beiden Zahlen *wirken* auf ihre Grundzahl. Das heißt also, dass die Grundzahl von ihren beiden Einflusszahlen beeinflusst und differenziert wird. Die Haupteinflusszahl wirkt daneben aber auch noch auf die Nebeneinflusszahl.

Schauen wir uns dieses Deutungsschema einmal bei Johannas Lebenszahl 31/4 an: Die 4 ist die Grundzahl. Die 3 ist die Haupteinflusszahl, die auf die Grundzahl (4) als auch auf die Nebeneinflusszahl (1) wirkt. Die 1 ist die Nebeneinflusszahl. Sie wirkt auf die Grundzahl (4).

In der Praxis deuten wir Johannas 31/4 in fogenden Schritten:
Die Haupteinflusszahl 3 (Kommunikation, Umwelt, Umgang mit anderen, Freundschaft, Fröhlichkeit, Freundlichkeit,

Kreativität) wirkt auf die Grundzahl 4 (Arbeit, Disziplin, Sicherheit).

Zusammengefasste Deutung in einfachen Sätzen:
- Der Umgang mit anderen (3) wirkt sich auf das Arbeitsverhalten (4) aus.
- Die Kommunikation (3) ist im Arbeitsalltag (4) wichtig.
- Kreativ (3) arbeiten (4).
- Freundschaften (3) am Arbeitsplatz (4) bzw. Zusammenarbeit spielen eine Rolle.
- Die Umwelt (3) hat Einfluss auf die persönliche Sicherheit (4).

Die Haupteinflusszahl 3 (Kommunikation, Umwelt, Umgang mit anderen, Freundschaft, Fröhlichkeit, Freundlichkeit) wirkt aber auch auf die Nebeneinflusszahl 1 (Ich, Selbstbewusstsein, Eigenständigkeit. eigene Aktivität).
Deutung:
- Die Umwelt (3) beeinflusst die eigene Aktivität (1).
- Freundliches (3) Auftreten (1)
- Kommunikative (3) Persönlichkeit (1).

Die Nebeneinflusszahl 1 (Ich, Selbstbewusstsein, Eigenständigkeit. eigene Aktivität) wirkt dazu auch noch auf die Grundzahl 4 (Arbeit, Disziplin, Sicherheit).
Deutung:
- Selbst (1) für seinen Lebensunterhalt (4) sorgen.
- Selbstständig (1) arbeiten können (4).
- Sich selbst (1) disziplinieren (4).

Wenn wir diese Einzeldeutungen zusammenfassen, ergibt sich für die Zahlenkombination 31/4 unter Berücksichtigung, dass es sich hier um die Lebenszahl handelt ( ich bin ...) folgendes Bild: Johanna ist eine Frau, für die Arbeit, Disziplin und Sicherheit eine grundsätzliche Rolle im Leben spielen. Sie steht auf dem Standpunkt, dass man nichts geschenkt bekommt, sondern für die Erfüllung seiner Bedürfnisse arbeiten muss (4). Dabei will sie kreativ sein, und sie kann aus vielen Dingen etwas machen (3 wirkt auf 4). Aufpassen sollte sie, dass sie sich nicht zu sehr von fremden Meinungen oder von dem was *man* haben und tun sollte, beeinflussen lässt (3 wirkt auf 4 als auch auf die »Initiative« der 1). Sie lässt sich von anderen anregen (3 wirkt auf 4), wird aber von Kollegen und Freunden eher als Führungsnatur gesehen (3 wirkt auf 1 und 4). Äußere Umstände können Johanna anspornen und sie ist auch bereit, von anderen Ratschläge anzunehmen (3 wirkt auf 1). Es schadet ihr nicht, wenn sie »Werbung« für sich macht und ihr Können zeigt (3 wirkt auf 4 und 1). Johanna soll aber immer auch selbst anpacken und sich für keine Arbeit zu schade sein (1 wirkt auf 4). Sie könnte empfänglich für Schmeicheleien sein (3 wirkt auf 1) und sollte daher genau hinhören, ob eine Äußerung ehrlich gemeint ist.

Nachfolgend noch einmal das Deutungsschema für Ihre ersten Schritte in die Deutungspraxis:

**Deutungsschema für Kombinationszahlen**

Zur Erinnerung: Die zwei Zahlen *vor* dem Schrägstrich sind die Einflusszahlen, wobei die erste die Haupteinflusszahl ist und die zweite die Nebeneinflusszahl. Die Zahl *nach* dem Schrägstrich ist die Grundzahl, also das Hauptthema.

Vorgehensweise bei der Deutung:
1. Notieren Sie Deutungs-Stichworte für Grundzahl, Haupteinflusszahl und Nebeneinflusszahl.
2. Bilden Sie mit diesen Stichworten Sätze nach folgendem Schema: a) Die Themen der Haupteinflusszahl wirken auf die Themen der Grundzahl. b) Die Themen der Nebeneinflusszahl wirken auf die Grundzahl. c) Die Themen der Haupteinflusszahl wirken auf die Nebeneinflusszahl. Gehen Sie dabei so vor, wie Sie es eben gesehen haben.
3. Fassen Sie die einzelnen Sätze zu einer Gesamtdeutung zusammen und versuchen Sie, die Energie nicht nur mit dem Verstand sondern auch aus dem Bauch heraus zu erfassen. Was ist wichtig? Welche Chancen gibt die gesamte Zahlenkombination, welche Gefahren (Herausforderungen) birgt sie?

Ein Tipp: Machen Sie es am Anfang nicht zu kompliziert. Wenn Sie ein oder zwei wesentliche Ausagen einer Zahlenkombi herausfiltern können, haben Sie schon viel erreicht. Nur Mut! Mit ein wenig Übung werden Sie rasch Fortschritte machen.

Ab Seite 148 gibt es für jede Zahlenkombination ein paar Stichworte. Diese können Sie auch zur Anregung eigener Deutungen nutzen.

Wie Sie gesehen haben, arbeiten wir bei der Deutung immer mit den Grundzahlen. Diese werden zueinander in Beziehung gesetzt und in einer klar definierten Weise kombiniert, sodass neue Aussagen daraus entstehen. Diese Aussagen werden dann noch einmal differenziert durch die Plätze, auf denen sie wirken.

Bevor wir uns nun Johannas weiteren Zahlenkombinationen zuwenden, rufen wir uns die neun Grundzahlen mit ihren Themen noch einmal ins Gedächtnis und betrachten sie aus zwei Perspektiven.

## Grund- und Meisterzahlen in Stichworten

Die neun Grundzahlen sind der Ausgangspunkt jeder Deutung. Ihre Themen werden durch die Einflusszahlen differenziert. Wichtig ist jedoch, dass wir zunächst die Energie der einzelnen Grundzahlen klar erfassen. Deshalb hier die wichtigsten Stichworte der einzelnen Zahlen:

**1** Selbstbewusstsein, Energie, Eigenständigkeit, eigene Aktivität, Ich.

**2** Gefühle, Kooperation, Partnerschaft, Beziehung, Du und Wir.

**3** Kommunikation, Stimme, Freundschaft, Umgang mit Anderen, Unterhaltung, Fröhlichkeit.

**4** Harte Arbeit, Organisation, sicherheitsorientiert, Rational, Diszipliniert, Gewalt, Niederlage.

**5** Reisen, Veränderung, Freiheitsliebe, Anpassungsfähigkeit, Erfahrungen sammeln, Ungeduld, exzessiv.

**6** Familie und Häuslichkeit, Dienst, Gesundheit, Verantwortung, Eifersucht.

**7** Höhere Erkenntnis, Spiritualität, religiös, Philosophie, Intellektuell, Grübler, Skeptiker, verschlossen, undurchschaubar, Einzelgänger und Perfektionist.

**8** Materieller Erfolg oder Misserfolg, Führungseigenschaften, Autorität, Einsatzbereitschaft, säen und ernten.

**9** Hilfsbereitschaft, Sensibilität, Mitgefühl, Toleranz, Bescheidenheit, einfühlsam, labil.

**11** innere Stärke und Gelassenheit (entwickeln), Ängste, Spannungen, Krisenanfällig, evtl. Opferhaltung.

**22** Baumeister, harte Arbeit für das Ganze, wohltätig, politisch, Leistungsverweigerung.

Die Zahl 11 und 22 ist instabil, weil sie sich auf 2 bzw. 4 reduzieren lässt und außerdem eine sehr hohe Schwingung aufweist, die man in der Regel nicht beständig aushalten kann.

**Merke**: Die Zahlen 11 und 22 können nicht als Enflusszahl stehen, da es sich bei diesen beiden Zahlen um Meisterzahlen handelt.

Zahlen von 1 bis 9, die als Einfluss wirken, dürfen nicht willkürlich in der Deutung verdreht werden. Eine 32/5 wird anders gedeutet als eine 23/5, obwohl dieselben Zahlen wirken. Es muss darauf geachtet werden, welche die Haupteinflusszahl ist (immer die erste), und von dieser ausgehend deuten wir von links nach rechts. Zum Beispiel wirkt bei oben genannter 32/5 das Umfeld (3) auf die Partnerschaft (2), während bei 23/5 die Partnerschaft (2) das Umfeld (3) beeinflusst. Genauso verhält es sich mit den anderen Deutungsthemen der Zahlen 2 und 3.

Schauen wir uns die Zahlen mit ihren Themen auch in ihrer Einflussnahme an:

**1** eigene Einwirkung auf ..., selbst die Kontrolle über die Dinge übernehmen, Spontanität, Vaterthema wirkt auf ...

**2** Partnerschaft, Gefühle, Kooperation, Mutterthema wirkt auf ..., beeinflusst ...

**3** Kommunikation, Stimme, Ideen, Optimismus, positive Einstellung, andere Leute (das soziale Umfeld), Genussfreude, Freunde und Freundschaft wirkt auf ...

**4** Sicherheitsbedürfnis, Arbeit, Sparsamkeit, sich gebremst fühlen, Kontrolle, Einordnung, Verarbeitung, Nüchternheit, Verträge, Juristisches wirkt auf ...

**5** Veränderungen, schnelle Entwicklungen, Neues, Chancen ergreifen, Freiheitsliebe, Verzettelung, Einfallsreichtum, Reisen, Risikofreude, Abenteuerlust wirkt auf ...

**6** Familie, Gesundheit, Pflichten, Loyalität, (Geld das nicht durch Arbeit verdient wird) beeinflusst...

**7** Spiritualität, Weisheit und Wissen, lernen und lehren, tiefe Gedanken, Weiterbildung, Planung, sich zurückziehen beeinflusst ...

**8** Geldangelegenheiten, Balance zwischen materiellen und spirituellen Bedürfnissen, Umgang mit Macht wirkt auf ...

**9** Mitgefühl, Vervollkommnung, Hilfsbereitschaft, Beendigung, Geduld wirkt auf ...

Wir könnten noch viele Stichworte finden, schauen Sie sich daher bei Ihren Übungen immer auch die Grundbeschreibungen der Zahlen ab Seite 21 an.

**Übungsnumeroskop »Johanna«**

Wir deuten zuerst die fünf Kombinatioszahlen von Johannas Numeroskop (Seite 86) einzeln und schauen dann, wie sie sich gegenseitig beeinflussen.

*Lebenszahl*
Die Lebenszahl drückt aus: Ich bin ...
   Johannas Lebenszahl 31/4 haben wir schon ab S. 101 gedeutet. Fassen wir hier die wichtigsten Punkte noch einmal zusammen:
   Johanna ist vom Wesen her ein sicherheitsorientierter Mensch, der verlässliche Strukturen braucht, um sich wohlzufühlen(4). Sie lässt sich von anderen anregen, braucht auch den Kontakt, muss aber aufpassen, dass sie Schmeicheleien nicht für bare Münze nimmt (3 wirkt auf 1 und 4) und dadurch Verluste erleidet (4). Wichtige Absprachen (3) sollten deshalb immer vertraglich fixiert werden (4). Ihre Ideen (3) sollte sie ausreifen und eventuell von Fachleuten absichern lassen (4), ehe sie diese in die Tat umsetzt (1 wirkt auf 4).
   Johanna will selbst für sich sorgen können und die Kontrolle über ihr Leben behalten (1 wirkt auf 4), daher spielt

die Berufsausbildung eine wichtige Rolle (4), genauso wie die Fähigkeit, sparsam mit ihren Ressourcen umzugehen (1 wirkt auf 4). Das Umfeld und Freundschaften (3) haben Auswirkungen auf ihre Leistungsfähigkeit (4), deshalb wird es wichtig sein, Freunde gut auszuwählen.

*Motivationszahl*
Die Motivationszahl ist der innere Antreiber. Sie sagt: Meine Seele drängt mich zu ...
Johannas Motivationszahl ist die 14/5. Bei der Deutung gehen wir wieder Schritt für Schritt vor und arbeiten mit Stichworten.

Haupteinflusszahl: 1
- Ich, eigene Einwirkung, selbst die Kontrolle über die Dinge übernehmen, Spontanität, Vaterthema.

Nebeneinflusszahl: 4
- Sicherheit, Arbeit, Organisation, Sparsamkeit, sich gebremst fühlen, Kontrolle, Einordnung, Verarbeitung, Nüchternheit, Verträge, Juristisches.

Grundzahl: 5
- Reisen, Flexibilität, exzessiv, Freiheitsliebe, Anpassungsfähigkeit, Erfahrungen sammeln, Ungeduld.

Wir bilden zunächst einfache Sätze:

Haupteinflusszahl: 1 wirkt auf Grundzahl: 5
- Sich selbst (1) verändern (5).
- Selbst geschaffene (1) Unabhängigkeit (5).
- Persönliche (1) Erfahrungen sammeln (5).
- Spontane (1) Anpassung an äußere Umstände (5).

Nebeneinflusszahl: 4 wirkt auf Grundzahl: 5
- Kontrollierte (4) Veränderungen (5).
- Sparen (4), um reisen zu können (5).
- Arbeitsplatz- (4) -wechsel (5).
- Notwendige (4) Anpassungen vornehmen (5).

Haupteinflusszahl: 1 wirkt auf Nebeneinflusszahl: 4
- Sich selbst (1) etwas aufbauen (4).
- Eigenständig (1) arbeiten (4).
- Sich selbst (1) ausbremsen (4).
- Selbst- (1) Organisation (4).

Das fassen wir zusammen, unter Berücksichtigung des Platzes (Motivation — der innere Antreiber), auf dem die Zahlen zum Tragen kommen:

Innerlich, und deshalb zumeist in jungen Jahren noch unbewusst, drängt es Johanna zur Unabhängigkeit (5). Sie sucht Freiheit und freie Entfaltung (5). Um das zu erreichen, muss sie lernen, sich an äußer Umstände anzupassen und bereit sein, sich auch selbst zu verändern (1 wirkt auf 5). Ihr Sicherheitsbedürfnis darf sie dabei aber nicht außer Acht lassen (1 wirkt auf 4) und sie sollte sich, wenn möglich, in geplanten Schritten (1 wirkt auf 4) ihren Freiraum schaffen (1 und 4 wirkt auf 5).

Johanna muss darauf achten, dass sie sich nicht selbst ausbremst (1 wirkt auf 4), sei es aus falsch verstandenem Pflichtgefühl oder aus Angst, die Kontrolle zu verlieren (4). Ihre Fähigkeit zu sparen (1 wirkt auf 4) hilft ihr, sich finanzielle Sicherheiten zu schaffen (4), sodass sie bei unerwarteten Chancen zugreifen kann (1 wirkt auf 5), ohne sich mit Verlustängsten plagen zu müssen (1 wirkt auf 4). Johanna sollte aber vor allem an ihrem inneren Sicherheitsgefühl arbeiten (1 wirkt auf 4), um für die Wechselfälle des Lebens gerüstet zu sein (1 und 4 wirken auf 5).

Der letzten Aussage kommt eine besondere Bedeutung zu, denn die Zahlen 1 und 4 finden wir auch in Johannas Lebenszahl 31/4. Johannas Sicherheitsbedürfnis ist also grundsätzlich wichtig und darf nicht übergangen werden. Wenn sie durch die Motivationszahl aus ihrem Inneren heraus dazu gedrängt wird, unabhängig zu werden und sich frei zu entfalten (5), dann schafft sie das nur, wenn sie ihre Sicherheit nicht nur aus äußeren Werten bezieht. Die Zahlen 1 und 4 in der Motivationszahl legen ihr deshalb nahe, das Leben vor allem auf persönlichen inneren Werten zu begründen, die ihr niemand nehmen kann (1 wirkt auf 4). So bleibt sie auch in unsicheren Zeiten handlungsfähig (1 und 4 wirken auf 5) und kann Veränderungen aktiv steuern (1 wirkt auf 5).

Die Motivationszahl deutet darauf hin, dass Johanna sich eventuell beruflich selbstständig machen könnte (1 wirkt auf 4 = selbstständige Arbeit in eigener Regie, 1 wirkt auf 5 = selbst geschaffene Unabhängigkeit). Voraussetzung dafür ist, dass sie ihren Beruf beherrscht (1 wirkt auf 4) und bereit ist, sich jederzeit an veränderte Bedingungen anzupassen (1 wirkt auf 5).

*Herzenswunschzahl*
Im Gegensatz zur Motivationszahl spiegelt die Herzenswunschzahl solche Wünsche, die oft schon in jungen Jahren bewusst sind. Diese können sich jedoch nur dann erfüllen, wenn die negativen Ausprägungen dieser Zahlen beachtet und überwunden werden. Die Herzenswunschzahl sagt: Ich möchte ...

Johannas Herzenswunschzahl ist die 17/8. Bei der Deutung gehen wir wieder Schritt für Schritt vor.

Haupteinflusszahl: 1
- Ich, eigene Einwirkung, selbst die Kontrolle über die Dinge übernehmen, Spontanität, Vaterthema.

Nebeneinflusszahl: 7
- Spiritualität, Weisheit und Wissen, lernen und lehren, tiefe Gedanken, Weiterbildung, Planung, sich zurückziehen, Okkultes, Einsichten gewinnen, Studien, Psychisches.

Grundzahl: 8
- materieller Erfolg oder Misserfolg, Führungseigenschaften, Autorität, Gerechtigkeit, Einsatzbereitschaft, säen und ernten, spirituelles und materielles in Einklang bringen, Selbstverantwortung, Macht und Ohnmacht, Dinge umsetzen können, Ehrgeiz.

Wir bilden wieder einfache Sätze:

Haupteinflusszahl: 1 wirkt auf Grundzahl: 8
- Persönliche (1) Autorität entwickeln (8).
- Sich selbst (1) für etwas Großes einsetzen (8).
- Durch Eigeninitiative (1) materiellem Erfolg haben (8).
- Persönliche (1) Führungsqualitäten entwickeln (8).

Nebeneinflusszahl: 7 wirkt auf Grundzahl: 8
- Sich weiterbilden (7) um Geld zu verdienen (8).
- Nachdenken (7) über Macht und Ohnmacht (8).
- Einsichten gewinnen (7) über Verantwortung (8).

Haupteinflusszahl: 1 wirkt auf Nebeneinflusszahl: 7
- Sich (1) mit okkulten Themen beschäftigen (7).
- Spontane (1) Einsichten gewinnen (7).
- Sich (1) zurückziehen (7).

Zusammengefasst und unter Berücksichtigung des Platzes, an dem diese Zahlen wirken, können wir sagen:

Johanna möchte in ihrem Leben Großes erreichen und materiellen Erfolg haben. Sie will eine Autoritätsperson werden, die Einfluss hat (1 wirkt auf 8). Sie hat aber auch spirituelle und okkulte Interessen und möchte die Geheimnisse des Lebens erforschen (1 wirkt auf 7). Dies steht zunächst einmal im Widerspruch zu ihrem materiellen Erfolgsstreben, weil die 7 nach innen auf das Geistige gerichtet ist und die 8 nach außen auf die Materie.

Um ihre Wünsche wahr werden zu lassen, sollte sich Johanna Zeiten des Rückzugs gönnen (1 wirkt auf 7), um sich vom Lärm der Welt zu erholen und nachzudenken (1 wirkt auf 8) sowie um in der Stille (7) Kraft (8) zu schöpfen. Sie muss jedoch aufpassen, dass sie nicht zur Grüblerin wird (1 wirkt auf 7), wenn die Dinge anders laufen, als sie sich das vorstellt (8). Wenn Johanna ihre geistigen Einsichten nutzt (1 wirkt auf 7), um ihre Selbstverantworung zu stärken (1 wirkt auf 8), dann kann sie anderen zum Vorbild werden und durch ihre Erkenntnisse über die kosmischen Ordnung (7) Spirituelles wie Materielles in Einklang bringen (8).

Die 1 wiederholt sich auch in dieser Herzenswunschzahl, was einmal mehr andeutet, dass Johanna selbst aktiv werden muss, um ihre Ziele zu erreichen.

*Ausdrucks- und Umweltzahl*
Die Ausdrucks- und Umweltzahl beschreibt unsere Wirkung nach außen, Themen mit denen wir uns in die Gesellschaft, in der wir leben, integrieren sowie das, was andere in uns sehen (wollen). Diese Zahl müssen wir immer mit der Lebenszahl vergleichen, die ja das wahre Wesen spiegelt. Wenn die Zahlen

von Ausdrucks- und Umweltzahl völlig anders lauten als die Lebenszahl, dann wird es besonders wichtig, sich der Lebenszahl bewusst zu werden, denn ihre Themen sind für uns essentiell. Schließlich kann kein Mensch nur nach äußeren Vorgaben leben, diese helfen uns lediglich uns in die Gemeinschaft einzufügen. Während die Lebenszahl sagt: Ich bin ... signalisiert die Ausdrucks- und Umweltzahl: Ich kann, wenn ich will ... und: Andere sehen in mir ...

Johannas Ausdrucks- und Umweltzahl 31/4 stimmt mit der Lebenszahl 31/4 überein. Sie wird also von anderen genauso gesehen wie sie ist: Sicherheitsorientiert (4), von kommunikativer und neugieriger Sachlichkeit (3 wirkt auf 4) und leistungsbereit (1 wirkt auf 4). Sie hat dadurch den Vorteil, dass sie nach außen recht klar wirkt und dass niemand Dinge von ihr fordern kann, die sie nicht schon von Natur aus in sich trägt.

Bei der Deutung der mit der Ausdrucks- und Umweltzahl identischen Lebenszahl (ab S. 101) haben wir unter anderem gesagt, dass Johanna für Schmeicheleien empfänglich sein könnte (3 wirkt auf 1). Dieser Aussage kommt jetzt besondere Bedeutung zu, denn da sie das unbewusst durch die Ausdrucks- und Umweltzahl ausstrahlt, könnten andere das als Einladung betrachten, ihr süßen Brei um den Mund zu schmieren, nur um ihr Wohlwollen und Vorteile zu erlangen.

*Machtzahl*
Die Machtzahl beschreibt den Weg, der zur Zufriedenheit führt und so den Seelenfrieden bewahrt. Sie zeigt uns unsere moralische und soziale Pflicht im Sinne einer Aufgabe, die unserem Leben Bedeutung und Sinn gibt. Mit dieser Zahl werden bestimmte Talente beschrieben, die wir nicht nur für

uns selbst sonden zum Wohl des höheren Ganzen einsetzen können. Die Machtzahl sagt: Meine Kraftquelle und ein erfülltes Leben finde ich, wenn ich mich diesem Weg verpflichte ...

Johannas Machtzahl ist die 62/8. Diese deuten wir wieder Schritt für Schritt:

Haupteinflusszahl: 6
- Familie und häusliche Angelegenheiten, Gesundheit, Pflichten, Loyalität, Geld das nicht durch Arbeit verdient wird, Verantwortung, Harmonie, Mitmenschlichkeit.

Nebeneinflusszahl: 2
- Gefühle, Partnerschaft, Mutterthema, Diplomatie, Rücksichtnahme, Vertrauen, Unterstützung, Einfühlungsvermögen, Launen.

Grundzahl: 8
- Geldangelegenheiten, materieller Erfolg und Misserfolg, Autorität, Führungseigenschaften, Einsatzbereitschaft, Umgang mit Macht, Urteilsvermögen, Geschäftssinn, Managementfähigkeiten.

Wir bilden wieder einfache Sätze:

Haupteinflusszahl: 6 wirkt auf Grundzahl: 8
- Verantwortung (6) für die Finanzen übernehmen (8).
- Sich für die Familie (6) einsetzen (8).
- gesunden (6) Geschäftssinn entwickeln (8).

Nebeneinflusszahl: 2 wirkt auf Grundzahl: 8
- Partnerschaftlicher (2) Führungsstil (8).
- diplomatisch (2) handeln (8).

- Gespür (2) für Macht und Ohnmacht (8).
- Partnerschaft (2) wirkt auf die Finanzen (8).
- Aus dem Bauch heraus (2) handeln (8).

Haupteinflusszahl: 6 wirkt auf Nebeneinflusszahl: 2
- Gesundheitliches (6) Gespür (2) entwickeln.
- Verantwortung (6) teilen (2).
- Familiäre (6 Rücksichtnahme (2).
- Verantwortungsbewusste (6) Partnerschaft (2).

Fassen wir wieder zusammen: Johanna soll einen Weg gehen, bei dem Verantwortung gefühlt und geteilt wird (6 wirkt auf 2), um durch gemeinsame Kraft (2 wirkt auf 8) materiellen beziehungsweise sichtbaren Erfolg (8) zu erlangen. Möglicherweise heiratet sie ein Familienunternehmen ein (6 wirkt auf 2 und 8) oder arbeitet in einem solchen mit (6 wirkt auf 8).

Wenn sie einen gesunden Geschäftssinn entwickelt, der auch das Wohl anderer einschließt (6 wirkt auf 8), kann sie etwas leisten, das über ihr Ego hinausgeht (8). Sie soll dabei aber auch Verantwortung (6) für ihr eigenes Leistungsvermögen (8) übernehmen, was bedeutet, dass sie ihre Kraft (8) nicht verschwenden darf, sondern bei aller Einsatzbereitschaft auch ihren Körper und ihre Gesundheit (6) in Blick behalten soll.

Aufpassen sollte Johanna, dass sie sich emotional (2) nicht zu sehr auf das Geld (8) fixiert, beziehungsweise auf das, was ihr Einsatz einbringt. Wenn sie sich ohne Hintergedanken auch um das Wohl Anderer kümmert (6 wirkt auf 2), kann sie ihre persönliche Macht (8) zum Nutzen aller Beteiligten einsetzen und wird auch in schwierigen Zeiten Zusammenhalt erfahren und ihren Seelenfrieden bewahren können (6 wirkt auf 2 und 8).

*Die Kombinationszahlen zueinander in Beziehung setzen*
Wenn wir nun alle Kombinationszahlen von Johanna (Lebenszahl 31/4, Motivationszahl 14/5, Herzenswunschzahl 17/8, Ausdrucks- und Umweltzahl 31/4 und Machtzahl 62/8) mit wenigen Sätzen beschreiben wollten, könnten wir folgendes sagen:

Johanna ist eine sicherheitsliebende Frau, die sich von anderen anregen lässt, aber gern die Fäden selbst in der Hand behält (31/4). Von anderen wird sie zumeist so gesehen, wie sie ist: fleißig, selbstständig und offen. Sie wird im Lauf des Lebens auf einen Weg geschoben, auf dem sie sich feste Grundlagen schaffen kann, die ihr mehr Freiraum und Flexibilität geben und wo sie lernen kann, mit den Wechselfällen des Lebens umzugehen (14/5). Schon in jungen Jahren lernt und forscht sie gern und sie möchte das nutzen, um ein Leben in selbstgeschaffenem Wohlstand zu führen, wobei sie hier auch ihrem Glück vertrauen will (17/8). Ihre soziale Pflicht kann sie erfüllen, wenn sie sich einen verantwortungsbewussten Umgang mit Geld und Werten zu eigen macht, wobei die Unterstützung durch Familie und Partner wichtig ist (62/8). Wenn Johanna einen Weg geht, der den familiären Zusammenhalt stärkt und als Wert hochhält, dann wird sie in guten wie in schlechten Zeiten klarkommen und sich ihren Seelenfrieden bewahren (62/8).

## Übungsaufgabe 2

Sie haben jetzt gesehen, wie man die Deutung der Kombinationszahlen in kleinen Schritten aufbauen kann. Wenn Sie möchten, können Sie jetzt die fünf Kombinationszahlen von Hansmartin (S. 87) deuten. Gehen Sie dabei genauso vor, wie wir es eben bei Johanna gemacht haben. Ab S. 121 können Sie Ihre Deutung mit meiner vergleichen.

## Die Deutung der Lernaufgabenzahl

Man könnte die Lernaufgabenzahl als eine karmische Lektion betrachten, die uns aufgegeben wurde, um unsere Persönlichkeit abzurunden. Wir ermitteln diese Zahl(en), indem wir nachschauen, ob in den fünf Kombinationszahlen eine oder sogar mehr der Zahlen von 1 bis 9 nicht vertreten sind. Wenn Zahlen fehlen, dann sollten die entsprechenden Themen bewusst angeeignet werden, um Defizite auszugleichen. Es geht darum, die Vorzüge dieser Themen zu entdecken.

Schauen wir uns die Grundzahlen einmal unter diesem Blickwinkel an:

**1** Aussagen wie: *»Ich bin nicht ehrgeizig!« »Ich mag keine Draufgänger!«*

Aufgabe: Lernen, Ich zu sagen. Eigeninitiative entwickeln, mit Aggressionen umgehen lernen.

**2** Aussagen wie: *»Ich brauche niemanden!« »Ich verlass mich lieber auf mich selbst!«*

Aufgabe: An den diplomatischen Fähigkeiten arbeiten, kooperativer werden, eventuelle Mutterproblematik bearbeiten, sich zurücknehmen und sensibler werden, ruhiger werden, rhythmische Aktivitäten ausbilden (singen, tanzen usw.).

**3** Aussagen wie: »*Ich will nicht auffallen!*« »*Das Leben ist kein Spiel!*«

Aufgabe: Sich bilden, flexibler werden, eventuell weniger klammern, aus sich herausgehen, Selbstdarstellung lernen, Meinung sagen, mit verschiedenen Menschen umzugehen lernen, sich Spaß gönnen.

**4** Aussagen wie: »*Ich will kein Spießer sein!*« »*Vorsorge ist unwichtig!*«

Aufgabe: Sich praktische Fähigkeiten bewusst aneignen, geduldiger werden, Arbeits-Ethik einhalten, sparen lernen, Anweisungen befolgen, Gesetze und Regeln einhalten.

**5** Aussagen wie: »*Das interessiert mich nicht!*« »*Ich mag keine spontanen Aktionen!*«

Aufgabe: Sich mit Veränderungen auseinandersetzen beziehungsweise anfreunden, interessierter und spontaner werden, Anpassungsfähigkeit und Vertrauen entwickeln, mehr Reisen unternehmen und andersartiges kennenlernen, verschiedene Seiten berücksichtigen.

**6** Aussagen wie: »*Ich bin kein Familienmensch!*« »*Jeder soll sein eigenes Päckchen tragen!*« »*Ich bin nicht die Pflegerin!*«

Aufgabe: Vergangenheit verarbeiten, friedliches Miteinander gestalten, Kompromisse schließen lernen, pünktlicher werden, Verbindlichkeit üben, auf die Gesundheit und Ernährung achten lernen.

**7** Aussagen wie: *»Ein Studium ist unnötig« »Das beweist nichts!«*

Aufgabe: Innere Stärke entwickeln, Lebensphilosophie entwickeln, allein sein können, Selbsterkenntnis üben, den Sinn des Lebens entdecken (Suchender werden), spirituelle Interessen entwickeln, mit Zweifeln umgehen lernen.

**8** Aussagen wie: *»Kostet doch nichts!« »Geld ist unwichtig!«*

Aufgabe: Handlungen gründlicher überdenken, Konsequenzen berücksichtigen, geschäftstüchtig werden, sich ein Wertesystem schaffen, sich mit den Gesetzen und der Bedeutung des Geldes auseinandersetzen, finanzielle Belange ernst nehmen, Einnahmen und Ausgaben verantwortungsbewusst handhaben, sich politisch interessieren.

**9** Aussagen wie: *»Ich brauche kein Mitleid« »Jeder ist sich selbst der nächste!« »Ich bin nicht die Sozialstation.«*

Aufgabe: Verständnis für Andere entwickeln, innere Stimme wahrnehmen lernen, Urvertrauen entwickeln, Begonnenes zu Ende bringen, wohltätig werden.

In Johannas Numeroskop sehen wir, dass sie die Lernaufgabenzahl 9 hat. Unter Berücksichtung unserer bisherigen

Deutungen geht es für sie wohl vor allem darum, ihre inneren Stimme vertrauen zu lernen und mehr Aufmerksamkeit für die Bedürfnisse anderer zu entwickeln.

**Vergleichen Sie Ihre Deutung von Übungsaufgabe 2**

*Lebenszahl*
Hansmartin hat die Lebenszahl 42/6. Die Bedeutung der einzelnen Zahlen:

Haupteinflusszahl: 4
- Sicherheit, Arbeit, Organisation, Sparsamkeit, sich gebremst fühlen, Kontrolle, Einordnung, Konzentration, Nüchternheit, Verträge, Juristisches.

Nebeneinflusszahl: 2
- Gefühle, Partnerschaft, Mutterthema, Diplomatie, Rücksichtnahme, Vertrauen, Unterstützung, Einfühlungsvermögen, Launen.

Grundzahl: 6
- Familie und häusliche Angelegenheiten, Gesundheit, Pflichten, Loyalität, Geld das nicht durch Arbeit verdient wird, Verantwortung, Harmonie, Mitmenschlichkeit, andere unterstützen.

Für die Kombination bilden wir Sätze:

Haupteinflusszahl: 4 wirkt auf Grundzahl: 6
- Hart arbeiten (4), um seine Pflicht zu erfüllen (6).
- Organisation (4) von häuslichen Angelegenheiten (6).
- Stabile oder eingeschränkte (4) Gesundheit (6).

Nebeneinflusszahl: 2 wirkt auf Grundzahl: 6
- Emotionale Verbundenheit (2) mit der Familie (6).
- Grund- (4) besitz (6).
- dem Partner gegenüber (2) loyal sein (6).

Haupteinflusszahl: 4 wirkt auf Nebeneinflusszahl: 2
- Kontrollierter (4) Gefühlsausdruck (2).
- Arbeits- (4) Partnerschaft (2).
- Auf eigener Hände Arbeit (4) vertrauen (2).

Zusammengefasste Deutung: Hansmartin ist ein Mensch, für den die Familie wichtig ist (6) und der es als seine Pflicht betrachtet, für die ihm Anvertrauten zu sorgen. Er ist also so etwas wie der klassische Ernährer (4 wirkt auf 6). Für ihn zählt vor allem das Sichtbare (4 als auch 6 sind realitätsbezogene Zahlen), und er scheut sich nicht, für seiner Ziele hart zu arbeiten (4). Sich Grundbesitz zu schaffen, könnte ein erklärtes Ziel sein (4 wirkt auf 6), wobei aber auch die Möglichkeit besteht, dass ihm ein solcher zufällt, zum Beispiel durch Erbschaft (6). Wenn dies der Fall sein sollte, so muss er bereit sein, sich diesen durch harte Arbeit zu erhalten (4 wirkt auf 6). Eine sichere Partnerschaft ist für ihn wichtig und soll geregelt sein, daher kommt für ihn vermutlich nur eine Ehe infrage, wenn er sich für jemanden entschieden hat (4 wirkt auf 2). Möglicherweise spielen weibliche Familienmitglieder (2 wirkt auf 6) eine wichtige Rolle für ihn, sind eventuell sogar dominant, und vielleicht sollte er aufpassen, dass sein Bedürfnis gebraucht zu werden (4 wirkt auf 2) nicht ausgenutzt wird und er sich zuviel aufbürdet (4 wirkt auf 6). Hansmartin braucht ein sicheres Umfeld, um Gefühle zeigen zu können, denn er neigt dazu, seine Gefühle zu unterdrücken (4 wirkt auf 2). Das macht ihn unter Umständen ein wenig undurchsichtig.

*Motivationszahl*
Hansmartin hat die Motivationszahl 17/8. Die Bedeutung dieser Zahlen:

Haupteinflusszahl: 1
- Ich, eigene Einwirkung, selbst die Kontrolle über die Dinge übernehmen, Spontanität, Vaterthema.

Nebeneinflusszahl: 7
- Spiritualität, Weisheit und Wissen, lernen und lehren, tiefe Gedanken, Weiterbildung, Planung, sich zurückziehen, Okkultes, Einsichten gewinnen, Studien, Psychisches.

Grundzahl: 8
- materieller Erfolg oder Misserfolg, Führungseigenschaften, Autorität, Gerechtigkeit, Einsatzbereitschaft, säen und ernten, spirituelles und materielles in Einklang bringen, Selbstverantwortung, Macht und Ohnmacht, Dinge umsetzen können, Ehrgeiz.

Wir bilden einfache Sätze:

Haupteinflusszahl: 1 wirkt auf Grundzahl: 8
- Persönliche (1) Autorität entwickeln (8).
- Sich selbst (1) in die Verantwortung nehmen (8).
- Durch Eigeninitiative (1) materiellem Erfolg haben (8).
- Persönliche (1) Führungsqualitäten entwickeln (8).

Nebeneinflusszahl: 7 wirkt auf Grundzahl: 8
- Sich weiterbilden (7) um Geld zu verdienen (8).
- Pläne (7) umsetzen können (8).
- Einsichten gewinnen (7) über Politik (8).
- Studium (7) des Rechts (8).

Haupteinflusszahl: 1 wirkt auf Nebeneinflusszahl: 7
- Sich (1) mit spirituellen Themen beschäftigen (7).
- Durch Eingeninititative (1) Einsichten gewinnen (7).
- Sich (1) zurückziehen (7).
- Unabhängig (1) eine eigene Philosopie entwickeln (7).

Zusammengefasste Deutung:
Hansmartin wird von seiner Seele auf einen (Lern)-Weg geführt, auf dem er in Eigenverantwortung Projekte verwirklichen kann, die erfolgreich werden sollen (1 wirkt auf 8). Wenn er immer wieder einmal innehält (1 wirkt auf 7), um seine Ziele und Ambitionen zu hinterfragen (1 und 7 wirkt auf 8), wird er — vermutlich vor allem in der zweiten Lebenshälfte — die Früchte seines Arbeitseinsatzes ernten können (8).

Die Zahl 17, die im Tarot dem »Stern« entspricht, wird oft auch als Glückszahl bezeichnet. Möglicherweise ergeben sich für Hansmartin daher immer wieder einmal Situationen im Leben, die sich im Nachhinein als Glücksfall herausstellen.

*Herzenswunschzahl*
Hansmartin hat die Herzenwunschzahl 14/5. Auch hier gehen wir bei der Deutung wie gewohnt vor:

Haupteinflusszahl: 1
- Ich, eigene Einwirkung, selbst die Kontrolle über die Dinge übernehmen, Spontanität, Initiative, Unabhängigkeit, Vaterthema.

Nebeneinflusszahl: 4
- Sicherheit, Arbeit, Organisation, Sparsamkeit, sich gebremst fühlen, Kontrolle, Einordnung, Nüchternheit, Grundlagen schaffen, Verträge, Juristisches.

Grundzahl: 5
- Reisen, Wandlungsfähigkeit, Freiheitsliebe, Anpassungsfähigkeit, Erfahrungen sammeln, Ungeduld, Begeisterung, Abwechslung, Fortschritt, exzessiv.

Wir bilden wieder einfache Sätze:

Haupteinflusszahl: 1 wirkt auf Grundzahl: 5
- Eigeninitiative (1) um etwas zu verändern (5).
- Persönliche (1) Unabhängigkeit (5).
- Selbst (1) Erfahrungen sammeln (5).
- Spontane (1) Anpassung an äußere Umstände (5).

Nebeneinflusszahl: 4 wirkt auf Grundzahl: 5
- Kontrollierte (4) Veränderungen (5).
- Arbeiten (4), um reisen zu können (5).
- Grundlagen schaffen (4) für den Fortschritt (5).
- Notwendige (4) Anpassungen vornehmen (5).

Haupteinflusszahl: 1 wirkt auf Nebeneinflusszahl: 4
- Selbst (1) etwas aufbauen (4).
- Eigenständig (1) arbeiten (4).
- Sich selbst (1) ausbremsen (4).
- Selbst- (1) Organisation (4).

Zusammengefasste Deutung: Bereits in jungen Jahren wünscht sich Hansmartin eine freiberufliche oder selbständige Tätigkeit, bei der er seine Zeit frei einteilen kann (1 wirkt auf 4 und 5). Dies kann er erreichen, wenn er sein Handwerk von Grund auf lernt (1 wirkt auf 4) und geduldig auf seine Chance wartet (4 wirkt auf 5). Um sich seinen Wunsch zu erfüllen, muss Hansmartin diszipliniert in kleinen Schritten auf sein

Ziel zugehen (1 wirkt auf 4 und 5). Er darf nicht überstürzt handeln (1 wirkt auf 5) und seine Lebensgrundlagen aufs Spiel setzen (1 wirkt auf 4 und 5). Umgekehrt soll er aber auch aufpassen, dass er nicht aus reinen Sicherheitsbestrebungen heraus (1 wirkt auf 4) seine Chancen verpasst (1 wirkt auf 5). Um sich seinen Herzenswunsch zu erfüllen, muss Hansmartin lernen, sich selbst zu organisieren (1 wirkt auf 4) und bereit sein, sich an äußere Umstände anzupassen (1 wirkt auf 5).

*Ausdrucks- und Umweltzahl*
Hansmartin hat die Ausdrucks- und Umweltzahl 31/4.

Haupteinflusszahl:3
- Freunde, Freundschaften, Selbstausdruck, Interessen, Kreativität, Musik, Kontakte, Spaß, Meinungen, Umwelt, Vielseitigkeit, reden, schreiben.

Nebeneinflusszahl: 1
- Ich, eigene Einwirkung, selbst die Kontrolle über die Dinge übernehmen, Spontanität, Initiative, Unabhängigkeit, Vaterthema.

Grundzahl: 4
- Sicherheit, Arbeit, Organisation, Sparsamkeit, sich gebremst fühlen, Kontrolle, Einordnung, Nüchternheit, Grundlagen schaffen, Verträge, Juristisches.

Wir bilden Sätze:

Haupteinflusszahl: 3 wirkt auf Grundzahl: 4
- Die Umwelt (3) wirkt auf das Sicherheitsgefühl ein (4).
- Spaß (3) an der Arbeit haben (4).
- Wort- (3) karg (4).

Nebeneinflusszahl: 1 wirkt auf Grundzahl: 4
- selbstständig (1) arbeiten (4).
- Selbst- (1) Kontrolle (4).
- Sich selbst (1) einschränken können (4).

Haupteinflusszahl: 3 wirkt auf Nebeneinflusszahl: 1
- Freundliches (3) Auftreten (1).
- Zuhören (3) können (1).
- Andere nehmen Einfluss (3) auf die Persönlichkeit (1).

Zusammengefasste Deutung: Da wir die Ausdrucks- und Umweltzahl immer mit der Lebenszahl vergleichen sollten, tun wir das hier als Erstes und schauen, ob es Verbindungszahlen gibt. Hansmartins Lebenszahl ist die 42/6, Ausdrucks- und Umweltzahl ist die 31/4. Als verbindende Zahl zeigt sich daher die 4. Hansmartin wird von anderen als fleißiger Mensch gesehen und man hält ihn vielleicht für sparsam als auch für eher sachlich und nüchtern (4). Da Hansmartins Lebenszahl von der 4 angeschoben wird, ist dies der Teil seines Wesens, den auch andere wahrnehmen können, und zwar als Haupteigenschaft (Grundzahl 4).

Dennoch weicht das Bild, das Hansmartin nach außen abgibt, ein wenig von seinem wahren Wesen ab, denn man betrachtet ihn durch die Kommunikationsbrille (die Zahl 3 als Haupteinflusszahl). Vermutlich wird Hansmartin als eher wortkarg empfunden (3 wirkt auf 4) und die Umwelt könnte daher glauben, dass sie ihn belehren oder bevormunden kann (3 wirkt auf 1). Dies könnte sich dann negativ auf seinen Arbeitseifer auswirken (1 wirkt auf 4). In solchem Fall wäre es für Hansmartin wichtig, zwar freundlich aufzutreten (3 wirkt auf 4), aber dennoch klarzumachen, dass er selbst entscheidet (1), denn schließlich muss er auch selbst die Konsequenzen seines Tuns (1 wirkt auf 4) tragen. In der Zusammenarbeit mit anderen (3 wirkt auf 4) kann Hansmartin lernen, sich besser auszudrücken (3), wobei es ihm hilft, wenn er gut zuhört (3 wirkt auf 1).

Da die 42/6 sein wahres Wesen zeigt, braucht Hansmartin aber immer einen geschützten Rahmen (4 wirkt auf 6), um sich zu verwirklichen, und Menschen, die zu ihm stehen beziehungsweise die ihm sympathisch sind (2 wirkt auf 6). Große Gesellschaften wird er daher vermutlich eher meiden, und sich lieber in einem überschaubaren Freundes- und Kollegenkreis bewegen, in dem er nur dann etwas sagt, wenn er auch etwas zu sagen hat (31/4 als Ausdrucks- und Umweltzahl).

Tipp: Vergleichen sie immer die Lebenszahl mit der Ausdrucks- und Umweltzahl und nehmen sie dazu auch die Tabelle mit den Verträglichkeiten der Zahlen auf Seite 131 zuhilfe. So fällt es ihnen leichter, eventuelle Schwierigkeiten zu erkennen. Orientieren Sie sich dann an der Lebenszahl, um diese Schwierigkeiten in Chancen zu verwandeln.

*Machtzahl*
Hansmartin hat die Machtzahl 73/1.

Haupteinflusszahl: 7
- Spiritualität, Weisheit, Wissen, lernen und lehren, tiefe Gedanken, Weiterbildung, Planung, sich zurückziehen, Okkultes, Einsichten gewinnen, Studien, Psychisches.

Nebeneinflusszahl: 3
- Freunde, Freundschaften, Selbstausdruck, Interessen, Kreativität, Musik, Kontakte, Spaß, Meinungen, Umwelt, Vielseitigkeit, reden, schreiben.

Grundzahl: 1
- Ich, eigene Einwirkung, selbst die Kontrolle über die Dinge übernehmen, Spontanität, Initiative, Unabhängigkeit, Vaterthema.

Wir formulieren wieder Sätze:

Haupteinflusszahl: 7 wirkt auf Grundzahl: 1
- Nachdenken (7), ehe man handelt (1).
- spirituelle bzw. gläubige (7) Persönlichkeit (1).
- tiefgründige (7) Persönlichkeit.
- Lernen (7) ICH zu sagen (1).

Nebeneinflusszahl: 3 wirkt auf Grundzahl: 1
- Freundliches (3) Auftreten (1).
- Zuhören (3) können (1).
- Freunde (3) beeinflussen die Persönlichkeit (1).

Haupteinflusszahl: 7 wirkt auf Nebeneinflusszahl: 3
- Geheim- (7) Sprache (3).
- Lernen (7), sich auszudrücken (3).
- mediale (7) Auffassungsgabe (3).

Zusammenfassende Deutung: Hansmartin hat das Talent und die Pflicht, unabhängig von der Meinung Anderer seinen Weg zu gehen und durch Eigeninitiative etwas in Bewegung zu bringen (1). Er hat einen guten Draht zum Übersinnlichen (7 wirkt auf 1 und 3) und er soll diese Fähigkeiten einsetzen (7 und 3 wirkt auf 1), um die richtigen Entscheidungen zum Wohle aller zu treffen. Die Meinungen anderer Menschen soll er sich anhören (3 wirkt auf 1), aber letztendlich aus einer inneren Gewissheit heraus seine eigene Entscheidung treffen (7 wirkt auf 1). Auf diese Weise wird er seinen Seelenfrieden bewahren und seinen Lebensauftrag erfüllen können.

Hansmartin muss kein großer Redner werden, aber lernen, sich auszudrücken — auch mithilfe von Körpersprache oder Geheimzeichen. Für ihn ist es vor allem wichtig, dass er seine Wahrnehmungen offen ausspricht (7 wirkt auf 3).

Die Auseinandersetzung mit Religion, Spiritualität und psychischen Themen kann Hansmartin zu einer tiefen inneren Ruhe verhelfen (7 wirkt auf 1). Wenn er die geistige Welt jedoch ständig anzweifelt (7), wird ihm das nur schwerlich gelingen. Hierzu eine Anmerkung aus Hansmartins persönlichem Leben:

Hansmartins Vater hat sich sein Leben lang mit Astrologie beschäftigt (7 wirkt auf 1: Vater), jedoch nur heimlich, was zur Folge hatte, dass sich Hansmartins natürliche Neugier in Ablehnung verkehrte. Später heiratete Hansmartin eine Frau, die ein sehr starkes Interesse an allem Esoterischen hatte und seine Tochter wurde dann sogar Astrologin. Hansmartin blieb also gar nichts anderes übrig, als sich mit spirituellen Themen zu beschäftigen, da ihn sein Umfeld dazu zwang (7 wirkt auf 3 = spirituelles Umfeld, 3 wirkt auf 1 = Einwirkung des Umfelds auf das Ich).

Wie gut ist Ihnen ihre eigene Deutung gelungen? Denken Sie daran: Nur die Übung macht den Meister. Wenn Sie bei Ihrer Deutung wenige Aussagen aus den Zahlenkombinationen herausfiltern konnten, dann waren Sie schon richtig gut! Bleiben Sie also am Ball und gehen Sie es spielerisch an.

## Die Verträglichkeiten der Zahlen

Alle Zahlen haben positive als auch negative Eigenschaften, und wir selbst entscheiden, wie eine Zahl gelebt wird. Wir können die Zahlen jedoch auch nach ihrer Verträglichkeit beurteilen, siehe folgende Tabelle. Grundlage dafür ist das jeweilige Thema einer Zahl, das sich zu anderen Zahlen entweder neutral verhält, sich ergänzt oder in Spannung dazu steht.

| Zahl | 1 | 2 | 3 | 4 | 5 | 6 | 7 | 8 | 9 |
|---|---|---|---|---|---|---|---|---|---|
| 1 | = | E | = | = | = | = | = | = | E |
| 2 | E | = | = | S | S | = | = | S | = |
| 3 | = | = | = | = | = | E | = | S | E |
| 4 | = | S | = | = | E | = | S | S | S |
| 5 | = | S | = | E | = | E | S | = | S |
| 6 | = | = | E | = | E | = | = | = | E |
| 7 | = | = | = | S | S | = | = | S | = |
| 8 | = | S | S | S | = | = | S | = | S |
| 9 | E | = | E | S | S | E | = | S | = |

Zeichenerklärung:
= Neutral zueinander stehend oder wesensverwandt.
E Gegensatz und wichtige Ergänzung.
S Spannungsreiche Verbindung.

Es ist wie in der Astrologie bei den Aspekten. Manche Verbindungen gelten als harmonisch und können daher leichter ausgedrückt werden. Andere enthalten Spannungen, die etwas Anstrengung erforderen, um Nutzen aus der Verbindung zu ziehen.

Ein Beispiel: 4 und 8 stehen laut Tabelle in Spannung zueinander. 4 ist der Arbeiter, 8 der Chef. Um vom Arbeiter zum Chef aufzusteigen, ist große Anstrengung, Selbstständigkeit und Weitsicht erforderlich. Dazu kommt, dass mit dem Gehalt eines Arbeiters in der Regel kein Unternehmen gegründet werden kann. Es ist also nachvollziehbar, dass die beiden Zahlen zueinander in Spannung stehen, weil sie für verschiedene Seiten der sozialen Ordnung stehen.

Die Tabelle mit den Verträglichkeiten kann bei der Deutung von Kombinationszahlen herangezogen werden. Bilden Sie sich jedoch immer auch eine eigene Meinung. Die Numerologie entwickelt sich mit den Menschen weiter. Was vor hundert Jahren noch als schwierig galt, kann heute bereits eine Chance sein.

**Das numerologische Quadrat:**

| 3 | 6 | 9 |
|---|---|---|
| 2 | 5 | 8 |
| 1 | 4 | 7 |

Mithilfe des numerologischen Quadrats können wir die Zahlen des gesamten Namens einer Person — Vorname, Zusatzname(n), Familienname — nach weiteren Gesichtspunkten aufschlüsseln, indem wir schauen, welche Linien des Quadrats betont sind. Dies ist jedoch lediglich eine Zusatzanaylse, die weitere Hinweise geben kann. Die Deutung, die wir zuvor gemacht haben, kann sie nicht ersetzen, sondern nur ergänzen.

Für diese Analyse zählen wir die im Gesamtnamen vorkommenden Zahlen mengenmäßig zusammen und schauen, ob dadurch eine der acht Linien des Quadrats betont wird. Ist dies der Fall, spielt das entsprechende Thema für die Person eine Rolle für die Herangehensweise ans Leben.

Bevor wir uns das am Beispiel von Johanna ansehen, befassen wir uns nun mit der Bedeutung der einzeln Linien des numerologischen Quadrats.

**Die Linien des Quadrats**

| 3 | 6 | 9 |
|---|---|---|
| 2 | 5 | 8 |
| 1 | 4 | 7 |

**Die Realitätenlinie:**
Die Zahlen 1, 4 und 7 bezeichnen die Realitäten linie. Es geht um Gewohnheiten, um Sicht- und Greifbares und um das, was im Leben Halt gibt.

| 3 | 6 | 9 |
|---|---|---|
| 2 | 5 | 8 |
| 1 | 4 | 7 |

**Die Wahrnehmungslinie:**
Die Zahlen 2, 5 und 8 bezeichen die Wahrnehmungsslinie. Es geht um Leidenschaft, um die Gefühlsfalle, um Konflikte zwischen Gefühl und Verstand.

| 3 | 6 | 9 |
|---|---|---|
| 2 | 5 | 8 |
| 1 | 4 | 7 |

**Die Kreativitätslinie:**
Die Zahlen 3, 6 und 9 entsprechen der Kreativitätslinie. Es geht um die Zwischentöne, die Übersinnliches und die Kräfte des Unbewußten enthalten.

| 3 | 6 | 9 |
|---|---|---|
| 2 | 5 | 8 |
| 1 | 4 | 7 |

**Die Körperlinie:**
Die Zahlen 1, 2 und 3 entsprechen der Körperlinie. Hier geht es geht um Substanz und um körperliche Vitalität.

| 3 | 6 | 9 |
|---|---|---|
| 2 | 5 | 8 |
| 1 | 4 | 7 |

**Die Intellektlinie:**
Die Zahlen 4, 5 und 6 bezeichnen die Intellektlinie. Hier geht es um rationales Erfassen.

| 3 | 6 | 9 |
|---|---|---|
| 2 | 5 | 8 |
| 1 | 4 | 7 |

**Die Geisteslinie:**
Die Zahlen 7, 8 und 9 bilden die Geisteslinie. Es geht um Transzendenz, um die Fähigkeit, über die gewohnten Bahnen des Denkens hinauszugehen.

| 3 | 6 | 9 |
|---|---|---|
| 2 | 5 | 8 |
| 1 | 4 | 7 |

**Die Kommunikationslinie:**
Die Zahlen 1, 5 und 9 bilden die Kommunikationslinie. Es geht um geistiges Erfassen und Erfahren, das unterschiedliche Sichtweisen berücksichtigt.

| 3 | 6 | 9 |
|---|---|---|
| 2 | 5 | 8 |
| 1 | 4 | 7 |

**Die Effektivlinie:**
Die Zahlen 3, 5 und 7 bilden die Effektivlinie. Es geht um strategisches und lösungsorientiertes Denken.

**Isolierte Zahlen**

Isolierte Zahlen weisen auf Fähigkeiten, die zwar da sind, aber Anstrengung benötigen um sie einzusetzen.

| 3 |   | 9 |
|---|---|---|
|   |   | 8 |
| 1 | 4 | 7 |

Beispiel: In diesem Quadrat ist die 3 isoliert.

**Übung: Numerologisches Quadrat**

Schauen Sie sich Johannas Numeroskop auf Seite 86 an. Wir zählen jetzt die Menge jeder einzelnen Zahl, die in ihrem Gesamtnamen vorkommt und übetragen sie in ein numerologisches Quadrat.

| 1x3 | 1x6 | 3x9 |
|-----|-----|-----|
| 2x2 | 5x5 | 1x8 |
| 6x1 | 2x4 | 1x7 |

In Johannas Gesamtnamen ist sechsmal die 1 enthalten. Die 2 ist zweimal enthalten. Die 3 ist einmal enthalten. Die 4 ist zweimal enthalten. Die 5 ist fünfmal enthalten. Die 6 ist einmal enthalten. Die 7 ist einmal enthalten. Die 8 ist einmal enthalten. Die 9 ist dreimal enthalten.

Nun schauen wir, ob eine der Linien besonders stark betont ist:

Die Realitätenlinie 1, 4, 7 hat insgesamt 9 Punkte (6+2+1).
Die Wahrnehmungsslinie 2, 5, 8 hat 8 Punkte (2+5+1).
Die Kreativitätslinie 3, 6, 9 hat 5 Punkte (1+1+3).

Die Körperlinie 1, 2, 3 hat 9 Punkte (6+2+1).
Die Intellektlinie 4, 5, 6 hat 8 Punkte (2+5+1).
Die Geisteslinie 7, 8, 9 hat 5 Punkte (1+1+3)
Die Kommunikationslinie 1, 5, 9 hat 14 Punkte (6+5+3).
Die Effektivlinie 3, 5, 7 hat 7 Punkte (1+5+1).

Bei Johanna ist also die Kommunikationslinie mit 14 Punkten eindeutig betont. Es geht für sie daher immer wieder um das geistige Erfassen einer Sache oder Situation und um die Berücksichtigung unterschiedlicher Sichtweisen. Möglicherweise liest sie viele Sachbücher, denn diese können ihr unter anderem die benötigte Anregung geben.

Da in Johannas Gesamtnamen alle Zahlen vertreten sind, gibt es bei ihr keine isolierten Zahlen.

# Praxisteil 3 - Jahresthemen

Die Numerologie hilft nicht nur die grundsätzlichen Themen einer Person zu erkennen, sondern sie kann uns durch eine Vorschau auch Hinweise für die Chancen und Gefahren in einem bestimmten Jahr geben. Die Jahresvorschau hat immer von Geburtstag zu Geburtstag Gültigkeit. Sie ist vergleichbar mit dem Solar, das die Astologen benutzen.

In der Vorausschau mithilfe der Numerologie werden wir einen klaren Neunerrythmus erkennen.

In der Astrologie gibt es ebenfalls Rhythmen, jedoch wird hier vor allem der Siebener-Rhythmus benutzt. Dieser hat jedoch mit dem numerologischen Rhytmus nichts zu tun. Dem astrologische Siebener-Rhytmus liegt die Entwicklung von Lebensthemen zugrunde — Kindheit, Jugend, Erwachsenenzeit, Alter —, die sich in Siebenerschritten vollzieht. Der numerologische Rhythmus greift dagegen die geometrischen Grundlagen auf, die in der Natur sichtbar sind, und die jede Entwicklung in neun Phasen unterteilen von Anfang des Entstehens bis zur Vollendung.

## Berechnung und Deutung von Jahresthemen

Wenn wir die Themen eines bestimmten Jahres ausrechnen möchten, gehen wir genauso vor wie bei der Berechnung der Lebenszahl. Wir tauschen lediglich das Geburtsjahr gegen das aktuelle Jahr aus. Also: Geburtstag + Geburtsmonat + zweistellige *aktuelle* Jahreszahl.

Die so errechnete Kombinationszahl zeigt dann die Grundschwingung des aktuellen Jahres mit seinen Themen.

Da die Themen eines Jahres immer von Geburtstag zu Geburtstag gelten, erstreckt sich die Wirkung der Zahlen zumeist über den Jahreswechsel hinaus. Wir müssen bei den Jahresthemen daher ein bisschen umdenken, denn das numerologische Jahr beginnt nur selten an Neujahr. Wenn jemand zum Beispiel am 19. Juni geboren ist, dann beginnt sein aktuelles Jahr am Geburtstag 19. Juni und wirkt bis zum 18. Juni des Folgejahres.

Natürlich beginnt nichts abrupt, die Übergänge sind fließend, und so werden sensible Menschen die Veränderung der Jahresthemen bereits vor dem Geburtstag spüren. Wie lange vorher, hängt vom Einzelnen ab. Wir können aber davon ausgehen, dass etwa drei bis sechs Wochen vor dem Geburtstag die alten Themen ausklingen und die neuen sich ankündigen.

*Beispiel: Johannas Themen ab Geburtstag im Jahr 2000*
Johanna ist am 08.11.1920 geboren. Für den Jahrestrend ersetzen wir das Geburtsjahr (1920) durch das aktuelle Jahr (2000).

| | |
|---|---|
| Geburtstag | 08 |
| Geburtsmonat | 11 |
| Aktuelles Jahr 2000 | 02 |
| **Jahresthema** | **21/3** |

Johannas aktuelles Jahresthema ist die 21/3. Diese Kombinationszahl wirkt ab ihrem 80.ten Geburtstag am 08.11.2000 ein Jahr lang bis zum 07.11.2001. Danach, ab ihrem Geburtstag 2001 wird das Thema durch die Meisterzahl 22 abgelöst.

Bei der Deutung der aktuellen Kombinationszahl gehen wir wie gewohnt vor:

Jahresthema 21/3

Haupteinflusszahl: 2
- Gefühle, Partnerschaft, Mutterthema, Diplomatie, Rücksichtnahme, Vertrauen, Unterstützung, Einfühlungsvermögen, Launen.

Nebeneinflusszahl: 1
- Ich, eigene Einwirkung, selbst die Kontrolle über die Dinge übernehmen, Spontanität, Initiative, Unabhängigkeit, Vaterthema.

Grundzahl: 3
- Freunde, Freundschaften, Selbstausdruck, Interessen, Kreativität, Musik, Kontakte, Spaß, Meinungen, Umwelt, Vielseitigkeit, reden, schreiben.

Wir bilden Sätze:

Haupteinflusszahl: 2 wirkt auf Grundzahl: 3
- Unterstützung (2) von Freunden (3).
- Die Partnerschaft (2) wirkt auf den Freundeskreis (3).
- Gefühle (2) können ausgedrückt werden (3).

Nebeneinflusszahl: 1 wirkt auf Grundzahl: 3
- spontan (1) Spass haben (3).
- Initiative ergreifen (1) im Freundeskreis (3).
- Über sich selbst (1) reden (3).

Haupteinflusszahl: 2 wirkt auf Nebeneinflusszahl: 1
- Gefühle (2) beeinflussen die persönliche Initiative (1).

- Der Partner (2) beeinflusst die Selbstständigkeit (1).
- Vertrauen (2) in die eigene Lebenskraft (1).

Zusammengefasste Deutung: Ab November 2000 bis November 2001 steht für Johanna der Kontakt mit der Außenwelt im Vordergrund. Sie könnte Pläne schmieden, sich kreativ betätigen und mehr unter Menschen gehen (Grundzahl 3). Aufgrund ihres Alters ist in diesem Jahreszeitraum auch eine Auseinandersetzung mit der Vergangenheit wahrscheinlich (Grundzahl 3 ist auch eine verarbeitende Zahl).

Der Partner könnte in diesem Jahr mehr Einfluss auf das persönliche Umfeld nehmen als sonst (2 wirkt auf 3) und Johanna vielleicht sogar ein wenig bemuttern (2 wirkt auf 1) oder in Bezug auf ihren Freundeskreis beeinflussen (2 wirkt auf 3). Gefühle spielen in dem Jahr eine wichtige Rolle (Haupteinflusszahl 2). Johanna sollte solche ehrlich ausdrücken, jedoch ohne andere zu verletzen (2 wirkt auf 1 und 3). Vielleicht gibt sie ihren Gefühlen in dem Jahr heftigeren Ausdruck als sonst (2 wirkt auf 3) und sollte daher aufpassen, was sie sagt (3). Falls der Freundeskreis (3) nicht mehr stimmig ist, wäre in dem Jahr jedoch auch die Gelegenheit, reinen Tisch zu machen, um sich zukünftig mit solchen Menschen zu umgeben, die besser zu ihr passen (1 wirkt auf 3). Gelegenheiten, um neue Kontakte zu knüpfen, dürfte es in dem Jahr immer wieder einmal geben und sollten ergriffen werden (1 wirkt auf 3). Da die Gefühle jedoch der Hauptantrieb sind, ist es wichtig, bei allen Kontakten den Bauch mitentscheiden zu lassen (2 wirkt auf 1 und 3).

Wie Sie sehen, folgt die Deutung demselben Schema wie immer. Der einzige Unterschied liegt darin, dass wir die Themen auf ein bestimmtes Jahr übertragen, das so zu einer individuellen Chance für die persönliche Weiterentwicklung wird.

**Wichtig!** Fragen Sie sich bei einer Jahresdeutung immer, welche speziellen Möglichkeiten eine Zahlenkombination bietet und welche Chancen und Gefahren damit verbunden sind. Bedenken Sie, dass es hier auch um konkrete Ereignisse gehen kann, die Asuwirkungen auf das persönliche Leben haben. — Bei unserem Beispiel Johanna könnten zum Beispiel der Partner oder nahestehnde Personen (2) stärkeren Einfluss auf die eigene Unabhängigkeit und den persönlichen Freundeskreis nehmen (2 wirkt auf 1 und 3), der sich schlimmstenfalls als Bevormundung auswirken könnte.

Ab Seite 148 finden Sie Stichworte zu allen Zahlenkombinationen bis 99/9. Diese können auch für die Deutung eines Jahrestrends herangezogen werden.

Bedenken Sie aber auch, dass der Jahrestrend die Kombinationszahlen von Lebenszahl, Motivationszahl, Herzenswunschzahl. Ausdrucks- und Umweltzahl sowie Machtzahl nicht aufhebt oder ersetzt, sondern ergänzt. Vor allem die Lebenszahl sollte im Auge behalten werden, denn diese zeigt die grundsätzliche Herangehensweise an das Leben. Wenn die Zahlen von Lebenzahl und Jahrestrend eher in Spannung zueinander stehen, wird es in der Regel schwerer fallen, die positiven Möglichkeiten des Zeitraums zu nutzen. Man sollte dann möglichst bewusst mit den Themen umgehen, um diesen die gute Seite abzugewinnen.

Da die Grundzahlen immer den Rhythmus der Entwicklung vorgeben, nachfolgend nun eine Tabelle mit Stichworten für die Jahresthemen der neun Grundzahlen. Zur Ergänzung werden auch die beiden Meisterzahlen 11 und 22 aufgeführt, denn auch diese können zum Grundthema eines Jahres werden.

## Grundzahlen und Meisterzahlen als Jahresthemen

1 Neuanfänge, aktive Zeit der Veränderungen, eventuell einschneidender Wechsel, mehr Selbstständigkeit und Unabhängigkeit, Freiraum, eigene Vorstellungen durchsetzen, sich behaupten, Klarheit gewinnen, auf eigenen Beinen stehen, sich auf sich selbst verlassen. Möglicherweise fühlt man sich aber auch isoliert oder gefährdet durch zu starke ICH-Bestrebungen die Partnerschaft. Gefahr von Eigensinn und Herrschsucht.

2 Private und geschäftliche Partnerschaften, Anpassung, Diplomatie, Zusammenarbeit mit anderen, Partner- oder Teilhaberschaften. Schwierigkeiten in der Partnerschaft, sofern man nicht aufeinander eingeht. Gefahr sich ausnutzen zu lassen oder aus dem Gleichgewicht zu geraten. Stress und Empfindlichkeit, weil es schwerer fällt die eigenen Interessen zu vertreten. Einfühlungsvermögen und Intuition ist gefragt.

3 Weiterbildung, neue Wege gehen. Ideen und Pläne reifen bzw. Gestalt annehmen lassen. Mehr unter Menschen gehen. Bücher schreiben und lesen, Vorträge halten, sich künstlerisch verwirklichen. Kreative Talente verfeinern. Musikalische Talente entwickeln. Sich mit der Vergangenheit auseinandersetzen, um daraus zu lernen. Gefahr des

sich verzettelns, wenn man zuviel auf einmal will. Freundschaften pflegen.

4 Pläne in die Praxis umsetzen, Arbeitseifer, praktische Fähigkeiten entwickeln, Wachstum, eine Basis schaffen, sparen, Pflichtbewusstsein. Realitätsbewusstsein entwickeln und sich mit Zwängen auseinandersetzen. Gefahr, das Selbstvertrauen zu verlieren und persönliches Wohlergehen zu vernachlässigen.

5 Bewegungsfreude, Drang zu neuen Ufern, Unruhe und Veränderungen, Umzug, Reisen, Abwechslung wird gebraucht, Vergangenes hinter sich lassen und Fortschritte machen. Vorsicht vor Überforderung, Rastlosigkeit und Voreiligkeit.

6 Balance schaffen und halten zwischen innen und außen, zwischen Privatleben und Beruf. Harmonie und Schönheit ins Leben integrieren, Familie oder Eigentum betreuen. Zeit des Gebens und der Belohnungen. Neue Partnerschaften werden möglich. Familiäre Angelegenheiten stehen im Vordergrund. Gefahr, dass man zu viele Kompromisse eingeht und sich nicht durchsetzen kann. Ängstlichkeit. Gefahr, an unguten Zuständen festzuhalten.

7 Spiritueller Fortschritt, Erziehung und Studium. Geistige Zwickmühle, wenn das äußere Leben unbefriedigend ist. Alte Fehler überdenken. Chance auf höherer Ebene von vorne anzufangen. Das eigene Leben und Handeln überprüfen, Innenschau, Überblick. Frust, wenn nichts voranzugehen scheint. Gefahr von Heimlichkeiten, beruflichen oder privaten Trennungen. – Fair und ehrlich bleiben!

8 Tatendrang und Kraft, Pläne lassen sich umsetzen, Erfolge und Befreiung. Auseinandersetzung mit der Materie beziwhungsweise mit materiellem Erfolg oder Misserfolg. Ehrgeiz und Urteilsfähigkeit entwickeln. Gefahr sich zu überfordern, sich finanziell oder körperlich zu überschätzen und alles negativ zu sehen.

9 Vollendung, emotionale Erfahrungen, selbstlos sein, sich von Erwartungshaltungen lösen, das Wohl aller im Auge behalten, Altes und Vergangenes abschließen. Übernahme von Verantwortung für sich selbst wird wichtig. Dinge zuende bringen als Vorbereitung auf Neues. Trennungen in dieser Zeit können sich später als positiv erweisen.

11 Spirituelles Wachstum, Beschäftigung mit eigenen und fremden Idealen. Vertrauen, Dinge geschehen lassen können, sich von einer höheren Macht führen lassen, mit dem Leben mitfließen, erhöhte Sensibilität. In dieser Zeit keine weitreichenden Entscheidungen treffen, lieber abwarten, bis sich ein eventueller Knoten von alleine löst. Durchhalten. Gefahr das Selbstvertrauen zu verlieren. Gefahr eines extremen Auf und Ab bzw. Stopp and Go.

22 Im großen Maßstab denken. Ideale umsetzen, die vielen zugute kommen. Entwicklungsmöglichkeiten erkennen, Verbesserungen einführen. Gefahr, in die Negativität abzurutschen. Sich selbst und anderen schaden.

## Monatstrend

Man kann nicht nur die Themen für ein bestimmten Jahreszeitraum numerologisch ausrechnen, sondern auch die Monate eines bestimmten Jahres. Es ist ähnlich wie in der Astrologie mit den Lunaren.

Ein Monatstrend zeigt dem Frager die Schwingung eines bestimmten Monats mit möglichen Ereignissen, die jedoch hauptsächlich auf emotionaler Ebene empfunden werden.

Die Monatstrends auszurechnen ist dann sinnvoll, wenn man innerhalb eines Jahres etwas Bestimmtes plant. Innerhalb des Jahrestrends, der über alle zwölf Monate hinweg Gültigkeit hat, zeigt die Monatsvorschau nämlich die kleineren Rhythmen, anhand derer man den für sein Vorhaben am besten geeigneten Monat auswählen kann.

Um die Monate auszurechnen brauchen wir die zweistellige Zahl der bereits errechneten persönlichen Jahresvorschau (die Einflusszahlen). Zu dieser Zahl wird der gewünschte Monat hinzuaddiert, z.B. Oktober = + 10.

Rechnen wir als Beispiel für Johanna den März 2001 aus. Ihr Jahrestrend hat zu diesem Zeitpunkt die Kombinationszahl 21/3 (Geburtstag 8 + Geburtsmonat 11+ aktuelles Geburtstags-Jahr 2000 = 2), siehe Berechnung Seite 138.

Die zweistellige Einflusszahl aus dem Jahrestrend (21/3) ist 21. Zu dieser Zahl zählen wir die Zahl 3 für den Monat März hinzu:

Zweistellige Einflusszahl
gültig von 08.11. 2000 bis 07.11 2001    21
Monat März                             + 3
**Monatszahl**                         **24/6**

Johanna steht im März 2001 also unter der Monatszahl 24/6. Diese schwingt unterschwellig mit der Jahreszahl 21/3 mit und zeigt eine vorübergehende Konzentration auf häusliche Angelegenheiten (6). Im Vordergund steht dabei die gefühlsmäßige Hinwendung (2) auf Familienmitglieder (6) und das eigene Heim (2 wirkt auf 6), es ist ein ruhigerer Monat im eher gewohnten Trott (2 wirkt auf 4 und 6). Möglicherweise nutzt sie die Schwingung zusammen mit dem Partner (2), um sich von alten Sachen zu trennen (4), wobei sicher auch emotional behaftete Dinge zum Vorschein kommen (2 wirkt auf 4), bei denen es schwer fällt, sie loszulassen (2 wirkt auf 4 und 6).

**Die Tagesschwingung**

Auch eine Tagesschwingung kann man numerologisch ausrechnen. Dies macht jedoch nur dann Sinn, wenn es um ein wichtiges Datum geht, wie zum Beispiel einen Hochzeitstermin, eine Geschäftseröffnung oder dergleichen.

Um die Tagesschwingung zu errechnen, benötigen wir die bereits errechnete zweistellige Monatszahl und den gewünschten Tag.

Angenommen, Johanna hätte im März 2001 etwas Wichtiges vor, dann könnten wir die Märztage ausrechnen, bis wir einen finden, der zu ihrem Vorhaben passt.

Rechenbeispiel: 25.03.2001 für Johanna
Das Jahr 2000/2001 steht für Johanna unter der 21/3. Der März 2001 steht für Johanna unter der 24/6, siehe vorhergehende Seite: 21 (Jahr) + 3 (Monat)= 24/6, und jetzt wollen wir wissen, unter welcher Schwingung der 25. März

steht. Um das zu erfahren, rechnen wir zur 24 (Monatsschwingung) den 25.ten Tag dazu. 24 + 25 = 49/4. Der 25. März wäre für Johanna daher ein guter Tag, um eine Arbeit abzuschließen, um danach für neue Tätigkeiten frei zu sein (4 wirkt auf 9 und 9 wirkt auf 4).

**Die Berechnung aktueller Themen auf einen Blick**

Das persönliche Jahr von Geburtstag zu Geburtstag
- Geburtstag + Geburtsmonat + zweistellige aktuelle Jahreszahl. Gilt ab dem berechneten Geburtstagsjahr bis zum nächsten Geburtstag.

Der persönliche Monat
- Zweistellige Zahl (die Einflusszahlen) aus dem berechneten persönlichen Jahr + gewünschter Monat als Zahl (z.B. Oktober = 10).

Der persönliche Tag
- Zweistellige Zahl (Einflusszahlen) aus dem berechneten persönlichen Monat + gewünschter Tag.

# Nachwort

Wir sind am Ende unseres Numerologie-Lehrgangs angelangt und ich hoffe, es hat Ihnen Spaß gemacht, mit mir zu lernen.

Jedes Ende ist aber auch ein Neuanfang, und Sie können jetzt die Gelegenheit nutzen, um mit den Zahlen von Familienangehörigen und von Freiwilligen zu üben. Wenn Sie mit den Personen über die Themen ihrer Zahlen reden, lernen Sie dazu, und mit der Zeit werden Sie so in der Deutung immer sicherer werden.

Bleiben Sie am Ball!

Damit sie es zu Anfang noch ein wenig leichter haben, kommt nachfolgend noch eine Positiv-Negativ-Stichwortliste für alle Grundzahlen sowie Kombinationszahlen bis 99/9. Diese können Sie für die Deutung eines Numeroskops als auch für die Deutung von Jahresthemen heranziehen. Lesen Sie jedoch immer wieder einmal auch die ausführlichen Beschreibungen der Grundzahlen ab Seite 21.

## Übersicht: Die Zahlen von 1 bis 99 in Stichworten

Die Grundzahlen 1 bis 9 in Schlagwörtern — kann auch zur Beurteilung einer Jahresschwingung herangezogen werden.

| Zahl | Bedeutung |
| --- | --- |
| 1 | Durchsetzung, Eigenständigkeit, Unabhängigkeit, Initiative, Vater, Spontanität, Risikobereitschaft, Arroganz. |
| 2 | Diplomatie, emotionale Nähe und Sicherheit, Rücksichtnahme, Mutter, Vertrauen, Unterstützung, Partnerschaft und enge Beziehungen, unschlüssig, launisch. |

| | |
|---|---|
| 3 | Selbstausdruck, Freunde, künstlerische Fähigkeiten, Kreativität, Interessen pflegen, unter Menschen gehen, klatschsüchtig, provokant. |
| 4 | Konzentration u. Systematik, Grundlagen schaffen, Zuverlässigkeit, Arbeit, Leistung, Produktivität, Verträge, sparsam, vernünftig, geizig, engstirnig. |
| 5 | Begeisterung, Reisen, Veränderung, Umzug, Abwechslung, Fortschritt, Freiraum, Bewegung, hemmungslos. |
| 6 | Übernahme von Verantwortung, dienen, Loyalität, Pflichterfüllung, Naturverbunden, Gesundheit, Familie, Eltern, Geschwister, Kinder, Schwangerschaft, ehrlich, mitfühlend, erzieherisch, aufdringlich. starrsinnig. |
| 7 | Fachwissen, Forschung, Selbsterkenntnis, Lebensziele definieren, Innenschau, Spiritualität und Okkultismus, Studium, geistiger Hausputz, religiös, tiefgründig, lernen, planen, skeptisch, grüblerisch, verschlossen. |
| 8 | Urteilsfähigkeit, Wertesystem, Gerechtigkeit, Tatsachen, Selbstverantwortung, Investitionen, Autorität, Besitz, Geschäftsinteressen, Geld, Rache, Macht/Ohnmacht. |
| 9 | Uneigennützigkeit, Weisheit, Mitgefühl, Toleranz, Verzögerungen, sich den Umständen unterordnen. |

Zusammengesetzte Kombinationszahlen als Einheit gesehen. Diese können ebenfalls zur Beurteilung einer Jahresschwingung herangezogen werden. Bei Zahlenkombinationen, deren Grundzahlen anstelle von 2 oder 4 auf die Meisterzahlen 11 oder 22 lauten, sollten sie auch bei diesen Themen nachlesen.

| Zahl | Bedeutung |
|---|---|
| 10/1 | Katalysator zur Erneuerung, Initiation, Wechsel, Adrenalinstoß für einen Neustart. |

| 11 | spirituelles Wachstum, Stärke (erforderlich), evtl. Entscheidung zwischen eigenen Interessen und denen des Partners, sich selbst besser kennenlernen. |
|---|---|
| 12/3 | Persönliche Gefühle ausdrücken, Prüfung, Verzögerung, sich umgänglich und freundlich zeigen, künstlerische Begabungen entwickeln. |
| 13/4 | karmische Zahl — Warnung, niemanden zu bevormunden oder zu verletzen. Gesunden Menschenverstand einsetzen! |
| 14/5 | Karmische Zahl — Risiko, Veränderungen und Wandel, selbstständig arbeiten, Freiheit und Disziplin in Ausgleich bringen. |
| 15/6 | Wirkungskraft, Verantwortung für das nähere Umfeld, Geburten, Umzug. Freiwillig Pflichen übernehmen. Unruhiges Privatleben. Überlegen was man tut. |
| 16/7 | karmische Zahl — Unerwartetes, Überzeugungen hinterfragen, Selbstsuche, den Geist beruhigen. |
| 17/8 | *Manchmal Glückszahl.* Träume verwirklichen. Hoffnung, etwas zu schaffen, das langfristig regelmäßige Einnahmen bringt. Spirituelle/geistige Autorität. Einsicht gewinnen und an Widerständen wachsen. |
| 18/9 | Psychisch, Misstrauen, Streitigkeiten, Täuschungen, eigene Kraft und finanzielle Möglichkeiten für eine gute Sache einsetzen. |
| 19/1 | karmische Zahl — mit sich selbst beschäftigt, Projekte zum Abschluß bringen. Reifeprozess. Ungelöstes aus der Vergangeheit verdauen. |
| 20/2 | starke Emotionen, Vorsicht vor emotionalen Überreaktionen und Klammereffekten, Partnerschaftsthemen, Erwachen auf Gefühlsebene, sich mit Musik und Tanz beschäftigen. |

| | |
|---|---|
| 21/3 | Kommunikation wird von Gefühlen beeinflusst, neue Perspektiven in Liebe und Erotik, Partner könnte auf das eigene Umfeld Einfluß nehmen. |
| 22 | Basis für die Zukunft schaffen, harte Arbeit, braucht klaren Kopf, etwas Großes auf den Weg bringen, Risiken meiden, (langfristige) Entscheidungen, Gefahr falscher Beurteilung, sich anstrengen und nicht nachlassen. |
| 23/5 | Emotionale Unruhe, durch die Umwelt verursachte Veränderungen, Anstöße erhalten von nahe stehenden Menschen, viele Möglichkeiten für Liebes-Begegnungen, weite Reisen, Gefühle im Spannungsfeld von heiß und kalt, künstlerische Freiheit, bei Geschäftspartnerschaften Risiken abschätzen. Bindungsangst. |
| 24/6 | Liebe und familiäre Angelegenheiten, Geschäftspartnerschaften, vertragliche Vereinbarungen mit Partner, Ehe, Unterstützung oder Bevormundung. |
| 25/7 | Rückzug und Selbstprüfung, Veränderungen in der Partnerschaft und im Gefühlsleben, Festgefahrenes in Bewegung bringen, vom Partner lernen, vielseitige Erfahrungen. |
| 26/8 | Erfülltes Familienleben, Partner und häusliche Situation könnten Geldfragen beeinflussen, Finanzen klug planen, Vorsicht vor zu hohen Ausgaben aufgrund von Emotionen. Immobilienerwerb möglich. |
| 27/9 | Hohe Sensibilität, empfänglich, medial, sich Klarheit über Gefühle verschaffen. Anderen helfen. Sich spirituellen Dingen zuwenden, Stolpersteine aus dem Weg räumen. Als Jahresthema: Ungünstig, um Neues zu beginnen. |

| | |
|---|---|
| 28/1 | Emotionale Selbstwahrnehmung, mit schwankenden Geldeinnahmen umgehen. Verlässlicher Partner, der finanziell unterstützt. Vorsicht vor schnellen, emotionalen Entscheidungen. Möglichkeit zur Selbstständigkeit, weil sich evtl. Geldgeber finden, aber auch Vorsicht, dass Partner nicht die Kontrolle über die Finanzen übernehmen. |
| 29/2 | Passiv, mitfühlend, im Hintergrund bleiben können, Unerwartetes von außen, Weitblick wichtig. Partnerschaften, die sich entweder stabilisieren und echte Erfüllung bringen oder auseinander gehen. Auf eigene klare Gefühle achten, hilfsbereit sein. |
| 30/3 | Extreme in Bezug auf Freundschaften und Beziehungen zur Umwelt, Leben genießen, reges Kommen und Gehen, Flirts, Stimme zur Geltung bringen, soziale Stellung nicht durch Leichtsinn gefährden, für neue Kontakte offen sein. |
| 31/4 | Ratschläge annehmen, Werbung für sich machen, der Welt zeigen wer man ist und was man will. Verträge prüfen, damit man nicht hinters Licht geführt werden kann, neues Image. |
| 32/5 | Körpersprache verstehen, Spaß haben wollen. Ablenkbar und beeinflussbar. Multitalent. Anregend. Raum für neue Kontakte schaffen. Freundschaften, die sich in Liebesbeziehungen wandeln. |
| 33/6 | Das Umfeld und das eigene Kommunikationsverhalten wirken auf Familie und häusliche Angelegenheiten. Lob und Tadel. Kritik. Von allen Seiten in Anspruch genommen werden. Auf die Gesundheit achten, Geld zusammenhalten. Aussprechen, was man auf dem Herzen hat. Heil werden (Zahl Christi). In die Natur gehen. Sich als Opfer fühlen. |

| | |
|---|---|
| 34/7 | Mitmenschen, die in die eigene Sphäre eindringen bzw. von der persönlichen Ausstrahlung angezogen werden, Arbeit mit anderen Augen betrachten, Kräfte sammeln. Nachdenken und Pläne schmieden, aber sich bedeckt halten. Inspiriertes Denken. |
| 35/8 | Kreativ und flexibel seine Chancen auf Erfolg nutzen. Die Umwelt könnte für Veränderungen sorgen und die finanzielle Situation beeinflussen. Investitionen könnten rasches Wachstum bringen, jedoch Vorsicht vor Misserfolg durch Unbesonnenheit. Durch Optimismus auf Expansionskurs gehen und Führungsaufgaben übernehmen, für Geschäftsleute auch Wechsel von Mitarbeitern. |
| 36/9 | Geduld haben, Meinungen ehrlich ausdrücken. Kreatives Ordnungssystem, Unterstützung von außen. Im Freundes- und Familienkreis möglicherweise Trennungen. Im privaten und geschäftlichen Umfeld ausmisten, aufpassen, damit man sich durch zu deutliche Meinungsäußerungen keine Feinde macht. |
| 37/1 | Schriftliches Mitteilen fällt leicht, rückhaltlose Offenheit, Interesse für spirituelle Seminare, Gelerntes anwenden, Vorsicht vor Recht-haben-wollen. |
| 38/2 | Andere könnten auf den Weg zum Erfolg helfen und einen in eine Führungsposition drängen. Finanzielle Unterstützung oder Ausbeutung. Kein Geld verleihen. Dinge aus der Distanz betrachten Freunde könnten zu Partnern werden. |
| 39/3 | Stimme des Mitgefühls. Freundschaften und soziale Beziehungen könnten allmählich zu Ende gehen, Menschen aus der Vergangenheit könnten wieder auftauchen, Urlaub machen, sich erholen. |

| | |
|---|---|
| 40/4 | Harte Arbeit. Handeln nach Vernunftprinzipien. Verlustängste. Konservativ, extrem vorsichtig und systematisch. Fachleute einschalten, bevor man etwas unterschreibt oder sich vertraglich bindet. Sich nicht durch Streß überfordern, möglicherweise Rechtsstreitigkeiten. |
| 41/5 | Sich genau überlegen worauf man sich einlässt. Auswege finden, Konflikt zwischen Sicherheitsstreben und Freiheitsdrang. Wichtig: sich auf sich selbst verlassen, nicht auf andere. Basis schaffen, die Freiraum gewährt. Freiberuflich arbeiten. |
| 42/6 | Verantwortung übernehmen. Partner bzw. nahe stehende Menschen unterstützen, arbeiten für Partner und Familie. Feste Beziehung auf dem Prüfstand. Juristisches mit Partnern klären. Firmenfusion, Heilung und Hilfe, weibliche Familienmitglieder könnten im Vordergrund stehen. |
| 43/7 | Arbeit in Lehre und Forschung. Arbeitsumfeld regt psychische Fähigkeiten an. Rückzug, Neigung zum Einzelgänger. Möglicherweise der Versuch, andere Menschen auf Abstand zu halten oder zu kontrollieren. Deshalb behutsam mit anderen umgehen. Gute Zeit für Weiterbildung. |
| 44/8 | Unter Druck stehen. Umsichtig in Geldangelegenheiten sein. Möglicherweise Arbeit an zwei Fronten, zwei oder mehr Jobs, Ärmel hochkrempeln, sich die Realität ansehen, auf Gesundheit achten und Ausgleich schaffen! |
| 45/9 | Unschlüssig, mit angezogener Bremse vorwärtsgehen, stop and go, Veränderungen in Arbeit und Beruf, (freiberufliche) Tätigkeiten den eigenen Kräften anpassen, Voraussetzungen für neue Pläne |

|       | schaffen, sich vom Mitgefühl für sich selbst und zu anderen leiten lassen. Arbeiten beenden können. |
|-------|---|
| 46/1  | Sicherheitsorientierte und pflichtbewusste Persönlichkeit. Von zu Hause aus arbeiten, Verantwortung übernehmen für Arbeit und familiäre Pflichten, mit Herausforderungen gut zurechtkommen, Neuverteilung von Verantwortung. |
| 47/2  | Grundlegende Überzeugungen hinterfragen, Arbeitsabläufe perfektionieren. Mediale Fähigkeiten, Beziehungsthema bearbeiten und verdauen. |
| 48/3  | Zeigen was man kann. Positiv denken, mit Anderen an einem Strang ziehen, zupacken können und vorwärts kommen. Arbeit in politischen Gruppen. |
| 49/4  | Arbeiten abschließen, ehe neue begonnen werden. Ausbildung in Schule oder Beruf beenden. Sozialarbeit. Geduld haben. Besessenheit. Vertrauen in die eigene Leistungsfähigkeit entwickeln. |
| 50/5  | Sprunghaft. Extrem wandelbar. Globetrotter. Riskiert etwas. Große Veränderungen und schneller Wandel, Vorsicht vor Verzettelung. Gedanken Wirklichkeit werden lassen (Zahl des großen Magiers), kann als Jahresthema bei Menschen mit starker Erdverhaftung sehr stressig werden. |
| 51/6  | Flexible Persönlichkeit. Hin- und hergerissen zwischen dem Wunsch nach Freiheit und dem Wunsch nach Familie. Ungewöhnliche Formen des Zusammenlebens finden. Das Zuhause in Bewegung bringen. Umzug, Auszug, Haus kaufen oder verkaufen. Glück, das zu einem kommt (unverhoffte Gewinne), Heirat, Schwangerschaft, oder Scheidung ist möglich, Verantwortung für das eigene Verhalten übernehmen |

| | |
|---|---|
| 52/7 | Stimmungsschwankungen. Medial, zerstreut. Fortschritte im emotionalen und geistigen Bereich. Gefühlsreichtum, emotional gefärbtes Denken. Braucht Zeit für sich selbst. Ungewöhnliche geistige Interessen. Spirituelle und okkulte Interessen, eigenen Gefühlen treu bleiben, persönliche Wahrheit finden, aus ehrlichen Motiven handeln. Als Jahresthema auch: neue Partnerschaft, Bindungsscheue Partner, Streß mit dem Partner, Ausbruch aus der Partnerschaft, heimliche Beziehung. |
| 53/8 | Wechsellnde finanzielle Verhältnisse. Vorsicht vor riskanten Geschäften. Sich über Geldanlagen informieren, Geld vermehren oder verschwenden, Ziele setzen, Veränderungen in der Umwelt könnten die eigenen Initativen beeinflussen. |
| 54/9 | Chaotische Arbeit, Arbeitsplatzwechsel, beruflich Reisen. Arbeiten für das Allgemeinwohl. Dinge zu Ende bringen. Ballast abstoßen, um frei zu werden. Die Auswirkungen auf Andere bei persönlichen Veränderungen berücksichtigen, Widerstreit zwischen Geduld und Ungeduld — kann zu Unschlüssigkeit führen. Energieschwankungen, sich nicht ausbrennen lassen, den persönlichen Energiepegel beachten. |
| 55/1 | Viele Neuanfänge und gute Gelegenheiten, Unstetigkeit in den eigenen Wünschen. |
| 56/2 | Veränderungen im familiären Umfeld, Umzug, Möglichkeit sich aus Krisensituationen zu befreien, evtl. Angst- u. Spannungsgefühle oder Depressionen aufgrund persönlicher Krisen. Wichtig: Sich nicht aus der Ruhe bringen lassen. Andere Menschen stärken, sich aber nicht ausnutzen lassen. |

| | |
|---|---|
| 57/3 | Gedanken nicht abschalten können, sich anderen mitteilen, über neue Ideen sprechen, Umgang mit Meinungen, ansteckender Optimismus. |
| 58/4 | Veränderungen wirken auf Finanzen und Arbeit, berufliche und geschäftliche Stabilität und Wachstum. Aus dem Nichts heraus etwas aufbauen und kontinuierlich daran arbeiten. Vorsicht und Risikobereitschaft ins Gleichgewicht bringen, andere am finanziellen Erfolg teilhaben lassen, viel Arbeit, wenig Zeit für Freizeit. Ausbruch aus der materiellen Ordnung. Aussteiger, falls der Druck zu hoch wird. |
| 59/5 | Veränderungen zum Abschluss bringen, Beruhigung der Situationen bzw. zur Ruhe kommen. Ausgleich zwischen Anspannung und Entspannung. Reisen. Dinge sich von alleine erledigen lassen. Als Jahresthema auch: Höhepunkt einer Veränderungswelle. |
| 60/6 | Geliebt werden wollen. Explosion am heimischen Herd, Streitgefahr mit Familienangehörigen, Möglichkeit schnell einen Partner zu finden, Schwangerschaft, gesundheitliche Schwankungen, unerwarteter Geldzuwachs (Erbschaft, Versicherung, aus Geldanlage usw.), Umbau des Zuhauses, Haustiere anschaffen, in der Natur regenerieren. Pflichten erfüllen, aber sich auch um sein eigenes Wohlbefinden kümmern. |
| 61/7 | Meinungsverschiedenheiten in der Familie, sich körperlich und seelisch stabilisieren, evtl. Neinsagen lernen, sich nicht überfordern lassen. |
| 62/8 | Lukrative Chancen, geteilte Verantwortung, eine Familie gründen, Familienzuwachs, Haushaltsgeld |

| | |
|---|---|
| | einteilen, Verbesserungen durch Renovierung des Heims, auf körperliches und seelisches Gleichgewicht achten. Chance, Führungsqualitäten unter Beweis zu stellen. Spenden für Bedürftige. |
| 63/9 | Menschenfreundlich, Heilfähigkeiten, therapeutisch. Verantwortungsvoller Umgang mit anderen, jedoch Vorsicht, dass man Andere nicht für eigenes Unglück verantwortlich macht. Sich von Freundschaften und Beziehungen, die einem nichts mehr bedeuten, distanzieren. Anderen selbstlos helfen. Als Jahresthema auch: Wohnung ausmisten. |
| 64/1 | Verantwortung am Arbeitsplatz und Zuhause, Arbeit von zuhause aus, sich von Pflichten eingeschränkt fühlen, Prioritäten setzen, sich um die Fitness kümmern, Vaterpflichten erfüllen. Organisation des Alltags. Sich nicht zuviel aufbürden lassen. |
| 65/2 | Familiäre Ungebundenheit, familiäre Veränderungen, Konflikt zwischen Nähe und Distanz, Familie könnte sich in die Partnerschaft einmischen. Versuch, den Partner zu erziehen. Eindringen in die Privatsphäre oder Rausschmiss. |
| 66/3 | Intensive Kommunikation, heilende Worte, sich vor (eigenen) Wutausbrüchen, Neid und Rachsucht in Acht nehmen. Gute Belastbarkeit. Körperliche Fitness, auch sexuell. Anerkannte Leistungen, auf den Ruf achten, Privates könnte in die Öffentlichkeit dringen. |
| 67/4 | Familiengeheimnisse aufdecken und klären. Spirituelle Werte leben, Heilung des Geistes, mit beiden Beinen im Leben stehen, Pläne in die Tat umsetzen, körperlichen und seelischen Druck aushalten können – auf die Gesundheit achten. |

| | |
|---|---|
| 68/5 | Menschenfreundlich und erfinderisch. Finanzielle Verantwortung übernehmen, Geldzuwachs, Expansion, Immobilienerwerb, gewinnbringender Verkauf von Immobilien, Erwerb einer Ferienwohnung, Reisen mit der Familie oder Geschäftsreisen. |
| 69/6 | Ende einer Verpflichtung, mitfühlende soziale Seite leben. In oder mit der Familie etwas zum Abschluss bringen, sich mit seelischen Ursachen von körperlichen Problemen auseinandersetzen. |
| 70/7 | spirituelle Grenzerfahrung, Innenschau, viele Seiten in sich integrieren, Perfektionsbedürfnis hinterfragen. |
| 71/8 | Spirituelle und materielle Interessen in Einklang bringen. Spirituell orientierte Persönlichkeit, die sich auch ihrer Verpflichtung gegenüber der Welt bewusst ist. Wissen, was Macht bedeutet. Eingebungen folgen. |
| 72/9 | Hochsensibel, gute Intuition. Spirituelle Erfahrungen mit nahestehenden Menschen teilen. Geistige Übereinstimmung mit dem Partner. |
| 73/1 | Vom spirituellen oder religiösen Umfeld beeinflusst werden. Übersinnliche Botschaften erhalten. Gedanken aussprechen, intellektuelles Umfeld. |
| 74/2 | Spirituell arbeiten, Forscher, praktisches Gespür, sich eine Lebensphilosophie erarbeiten, geistige Arbeit, die auch andere beeinflusst. |
| 75/3 | Geistige Interessen vermitteln können, Prediger, Veränderungen bewirken, spirituelle Reisen an Orte im näheren Umfeld. Charismatisch. |
| 76/4 | Sanft, mitfühlend und heilsam. Das geistige Streben beeinflusst Familie und Beruf. |

| | |
|---|---|
| 77/5 | Veränderungen bewirken, geistige Entfesselung, innere Unruhe, spirituelle oder religiöse Wege gehen. Vorsicht, dass die Bodenhaftung nicht verloren geht. |
| 78/6 | Spirituelle Autorität, nachdenken über geistige und weltliche Ansprüche. Sich dem Ausgleich von spirituellen und materiellen Bedürfnissen verpflichten. Therapeutisch. |
| 79/7 | Extreme zwischen Glaube und Skepsis. Suche nach der Wahrheit. Herausfordernd. Geistig etwas abschließen können, um für neue Ideen frei zu werden. Anderen helfen, sich zu vervollkommnen. |
| 80/8 | Starkes finanzielles Thema. Durch Eigenleistung vorwärts kommen. Alles-oder-nichts-Haltung. Umgang mit Macht ist wichtig. Vorsicht vor Leichtsinn. |
| 81/9 | Sich geduldig einsetzen, bis Erfolge sichtbar werden. Im persönlichen Wohlstand die weniger begünstigten Menschen nicht vergessen. Seine persönliche Macht für soziale Verbesserungen einsetzen. |
| 82/1 | Anderen zum Erfolg verhelfen. Fair sein, Macht teilen können, gleichberechtigte Partner. |
| 83/2 | Gerecht urteilen. Die Finanzen beeinflussen das Umfeld und die Partnerschaft. Geschäftsfreunde und Partnerschaften. Sich in der Welt der Finanzen bewegen, ohne sich davon manipulieren zu lassen. |
| 84/3 | Auch als Chef selbst mit anpacken. Geld sparen oder unter die Leute bringen. Für Arbeitsplätze sorgen. Eigene und fremde Leistungen zu schätzen wissen. Sich seinen Erfolg gründlich erarbeiten und zu einem Vorbild werden. |

| | |
|---|---|
| 85/4 | Hohe Leistungsbereitschaft und der Wille, etwas zu bewegen. Erfolgreiche Veränderungen bewirken. Abwägen von finanziellen Risiken. Sich seine persönliche Kraft bewahren. |
| 86/5 | Initiative für die Familie und für häusliche Angelegenheiten. Familiäre Werte hochhalten in unruhigen Zeiten. Sich auf eigene Beine stellen. Sich von Zwängen und Leistungsbildern des Elternhauses freimachen. |
| 87/6 | Finanzielle Verpflichtungen erfüllen, Geld für Bildung ausgeben, der eigenen Kraft vertrauen, sich für die seelisch/geistige Gesundheit einsetzen. Geld an gemeinnützige Organisiationen spenden und zum Gönner werden, aber aufpassen, dass die finanziellen Mittel nicht unter den Fingern zerinnen. |
| 88/7 | Sich ein finanzielles Polster schaffen, um sich dem Leistungsdruck entziehen zu können. Eigene Leistungen perfektionieren. Vorsicht vor Geldgier, Rücksichtslosigkeit und Intoleranz. |
| 89/8 | Dinge und Geschäfte erfolgreich beenden. Finanzielle Mittel für wohltätige Zwecke verwenden. Die eigene Macht als Geschenk betrachten, das verpflichtet. Wohltätigkeitsveranstaltungen managen. Das Wissen um Geben und Nehmen. |
| 90/9 | Extrem mitfühlend und empfindsam. Tolerant oder egoistisch. Vorsicht vor Fanatismus. Eventuell Neigung zum Helfersyndrom. |
| 91/1 | Braucht keine Selbstbestätigung, sollte aber Mitgefühl für sich selbt entwickeln. Die eigene Persönlichkeit verstehen und in den Kanten und Ecken abschleifen. Geduldig. |

| | |
|---|---|
| 92/2 | Mitfühlend rücksichtsvoll und sensibel, aber eventuell zu passiv. Sich abhängig fühlen oder in Depressionen verfallen. Hilfsbereit gegenüber dem Partner. Vertrauen in die eigenen Gefühle entwickeln. Mit dem Leben mitfließen. |
| 93/3 | Sanfte Stimme, Mitgefühl ausdrücken können, tolerantes Umfeld. Sich mit Reinkarnation auseinandersetzen. Gefühl, jemanden zu kennen, den man noch nie gesehen hat. |
| 94/4 | Sozialarbeit, geduldig und langsam arbeiten, Mitgefühl in praktisches Handeln umsetzen. |
| 95/5 | Friedliche Veränderungen, Vertrauen in den Wandel des Lebens, Rucksackreisen. Die Dinge auf sich zukommen lassen und für Überraschungen offen bleiben. |
| 96/6 | Bedürfnisse von Familienangehörigen verstehen. Streitschlichter, bedürftigen Familien helfen. Es als seine Pflicht betrachten, zu helfen. Soziale Verantwortung erkennen. |
| 97/7 | Glauben und Vertrauen. Sich in die Natur einfühlen können. Das Leben auf geistige Werte stellen. |
| 98/8 | Mitgefühl entwickeln und mit gesundem Menschenverstand handeln. Geduldiges Bemühen, um etwas zu erreichen. |
| 99/9 | Friedlich, Suche nach Vervollkommnung. Auseinandersetzung mit der Vergänglichkeit. Dinge geistig und seelisch abschließen. |

# Anhang

## Numerologische Formulare für persönliche Einträge

**Auswertung für:** _____

**Geburtsdatum:**

| Tag | | |
|---|---|---|
| Monat | | |
| Jahr (zweistellige Zahl) | | |
| **Lebenszahl** | | / |

Name, wie er im Geburtsregister steht

☐☐☐☐☐☐☐☐☐☐☐☐☐☐☐☐☐☐☐☐☐☐☐☐☐☐☐

_Konsonanten_

☐☐☐☐☐☐☐☐☐☐☐☐☐☐☐☐☐☐☐☐☐☐☐☐☐☐☐

_Vokale_

☐☐☐☐☐☐☐☐☐☐☐☐☐☐☐☐☐☐☐☐☐☐☐☐☐☐☐

| **Konsonanten** | | | **Vokale** | | |
|---|---|---|---|---|---|
| Vorname: | | | Vorname: | | |
| Zusatzname: | | | Zusatzname: | | |
| Zusatzname: | | | Zusatzname: | | |
| Zusatzname: | | | Zusatzname: | | |
| Familienname | | | Familienname | | |
| **Motivationszahl** | | / | **Herzenswunschzahl** | | / |

◯ **Lebenszahl**  ◯ **Herzenswunschzahl**

◯ **Motivationszahl**  ◯ **Ausdrucks- und Umweltzahl**

◯ **Machtzahl**  **Lernaufgabenzahl** ◯

**Auswertung für:** _____

**Geburtsdatum:**

| | | |
|---|---|---|
| Tag | | |
| Monat | | |
| Jahr (zweistellige Zahl) | | |
| **Lebenszahl** | | / |

*Name, wie er im Geburtsregister steht*

| | | | | | | | | | | | | | | | | | | | | | | | |
|---|---|---|---|---|---|---|---|---|---|---|---|---|---|---|---|---|---|---|---|---|---|---|---|

*Konsonanten*

| | | | | | | | | | | | | | | | | | | | | | | | |
|---|---|---|---|---|---|---|---|---|---|---|---|---|---|---|---|---|---|---|---|---|---|---|---|

*Vokale*

| | | | | | | | | | | | | | | | | | | | | | | | |
|---|---|---|---|---|---|---|---|---|---|---|---|---|---|---|---|---|---|---|---|---|---|---|---|

**Konsonanten**

| | | |
|---|---|---|
| Vorname: | | |
| Zusatzname: | | |
| Zusatzname: | | |
| Zusatzname: | | |
| Familienname | | |
| **Motivationszahl** | | / |

**Vokale**

| | | |
|---|---|---|
| Vorname: | | |
| Zusatzname: | | |
| Zusatzname: | | |
| Zusatzname: | | |
| Familienname | | |
| **Herzenswunschzahl** | | / |

- Lebenszahl
- Herzenswunschzahl
- Motivationszahl
- Ausdrucks- und Umweltzahl
- Machtzahl
- Lernaufgabenzahl

**Auswertung für:** _____

**Geburtsdatum:**

| | | |
|---|---|---|
| Tag | | |
| Monat | | |
| Jahr (zweistellige Zahl) | | |
| **Lebenszahl** | | / |

*Name, wie er im Geburtsregister steht*

*Konsonanten*

*Vokale*

| **Konsonanten** | | | | **Vokale** | | |
|---|---|---|---|---|---|---|
| Vorname: | | | | Vorname: | | |
| Zusatzname: | | | | Zusatzname: | | |
| Zusatzname: | | | | Zusatzname: | | |
| Zusatzname: | | | | Zusatzname: | | |
| Familienname | | | | Familienname | | |
| **Motivationszahl** | | / | | **Herzenswunschzahl** | | / |

- Lebenszahl
- Herzenswunschzahl
- Motivationszahl
- Ausdrucks- und Umweltzahl
- Machtzahl
- Lernaufgabenzahl

**Auswertung für:** _____

**Geburtsdatum:**

| | | |
|---|---|---|
| Tag | | |
| Monat | | |
| Jahr (zweistellige Zahl) | | |
| **Lebenszahl** | | / |

*Name, wie er im Geburtsregister steht*

*Konsonanten*

*Vokale*

**Konsonanten**

| | | |
|---|---|---|
| Vorname: | | |
| Zusatzname: | | |
| Zusatzname: | | |
| Zusatzname: | | |
| Familienname | | |
| **Motivationszahl** | | / |

**Vokale**

| | | |
|---|---|---|
| Vorname: | | |
| Zusatzname: | | |
| Zusatzname: | | |
| Zusatzname: | | |
| Familienname | | |
| **Herzenswunschzahl** | | / |

- Lebenszahl
- Herzenswunschzahl
- Motivationszahl
- Ausdrucks- und Umweltzahl
- Machtzahl
- Lernaufgabenzahl

**Auswertung für:** _____

**Geburtsdatum:**

| | | |
|---|---|---|
| Tag | | |
| Monat | | |
| Jahr (zweistellige Zahl) | | |
| **Lebenszahl** | | / |

*Name, wie er im Geburtsregister steht*

☐☐☐☐☐☐☐☐☐☐☐☐☐☐☐☐☐☐☐☐☐☐☐☐

*Konsonanten*

☐☐☐☐☐☐☐☐☐☐☐☐☐☐☐☐☐☐☐☐☐☐☐☐

*Vokale*

☐☐☐☐☐☐☐☐☐☐☐☐☐☐☐☐☐☐☐☐☐☐☐☐

**Konsonanten**

| | | |
|---|---|---|
| Vorname: | | |
| Zusatzname: | | |
| Zusatzname: | | |
| Zusatzname: | | |
| Familienname | | |
| **Motivationszahl** | | / |

**Vokale**

| | | |
|---|---|---|
| Vorname: | | |
| Zusatzname: | | |
| Zusatzname: | | |
| Zusatzname: | | |
| Familienname | | |
| **Herzenswunschzahl** | | / |

- **Lebenszahl**
- **Herzenswunschzahl**
- **Motivationszahl**
- **Ausdrucks- und Umweltzahl**
- **Machtzahl**
- **Lernaufgabenzahl**

**Auswertung für:** _____

**Geburtsdatum:**

| | | | |
|---|---|---|---|
| Tag | | | |
| Monat | | | |
| Jahr (zweistellige Zahl) | | | |
| **Lebenszahl** | | / | |

*Name, wie er im Geburtsregister steht*

*Konsonanten*

*Vokale*

| **Konsonanten** | | | | **Vokale** | | |
|---|---|---|---|---|---|---|
| Vorname: | | | | Vorname: | | |
| Zusatzname: | | | | Zusatzname: | | |
| Zusatzname: | | | | Zusatzname: | | |
| Zusatzname: | | | | Zusatzname: | | |
| Familienname | | | | Familienname | | |
| **Motivationszahl** | | / | | **Herzenswunschzahl** | | / |

Lebenszahl   Herzenswunschzahl

Motivationszahl   Ausdrucks- und Umweltzahl

Machtzahl   Lernaufgabenzahl

# Über die Autorin

**Angela Mackert**

Die Autorin Angela Mackert, geboren im Jahr 1952 in Karlsruhe, ist geprüfte Astrologin DAV. Sie lebt und arbeitet in Ettlingen. Lange Jahre führte sie eine Schule für Astrologie, Kartenlegen und Numerologie, und viele ihrer ehemaligen Schüler sind heute in eigener Praxis als Astrologieberater, Kartenleger und/oder Numerologe tätig.

Als Expertin für Esoterik hat Angela Mackert bereits zahlreiche Lehrbücher veröffentlicht. Daneben gilt ihre Liebe jedoch auch der belletristischen Literatur. So schreibt sie auch Geschichten und Fantasy-Romane, die oft von einem mystischen und geheimnisvollen Flair durchzogen sind.

Mehr über die Autorin unter: www.angela-mackert.de

**Astrologie-Lehrbuchreihe in 10 Bänden**

Angela Mackert
**Astrologie-Ausbildung**
Band 1: Planeten, Häuser, Tierkreiszeichen

104 Seiten, Paperback
ISBN 978-3-8423-6323-6
Auch als eBook erhältlich

Band 1 der Reihe: »Planeten, Häuser, Tierkreiszeichen« wendet sich an den Astrologie-Einsteiger. Ziel dieser Lehreinheit ist die zusammenhängende Deutung der genannten drei Teile. Es werden keine Vorkenntnisse benötigt.

Über die Lehrbuch-Reihe:
Jeder, der Interesse an der astrologischen Symbolsprache hat, kann die Deutung eines Radix erlernen, wenn er die richtige Anleitung dazu hat. Die Lehrbuchreihe Astrologie-Ausbildung will Ihnen eine solche Anleitung an die Hand geben. Sie ist geeignet, wenn Sie die Deutung eines Geburtshoroskops im Selbststudium erlernen möchten, oder als begleitendes Material für Ihr Astrologiestudium an einer Astrologieschule.

Die Lehrbuchreihe ist aus langjähriger Unterrichtspraxis heraus entstanden. Schritt für Schritt werden Sie dahin geführt, ein Radix, das Geburtshoroskop, eigenständig aus ganzheitlicher Sicht zu deuten. Übungen, die Sie mit den Deutungen der Autorin vergleichen können, helfen Ihnen, das Gelernte zu vertiefen.

Alle Bände dieser Reihe bauen aufeinander auf. Der Unterrichtsstoff beinhaltet im Schwerpunkt die psychologisch orientierte Astrologie und bezieht auch die karmische Sichtweise mit ein.

Die Reihe »Astrologie Ausbildung« umfasst 10 Bände. Es gibt sie jeweils als gedrucktes Buch und als eBook.

Mehr Informationen unter: www.angela-mackert.de